Abecé
Visual

El Abecé Visual de

MARES, OCÉANOS, LAGOS Y RÍOS

Abecé Visual

© de esta edición: 2013, Santillana USA Publishing Company,
Inc. 2023 NW 84th Ave, Doral FL 33122

Publicado primero por Santillana Ediciones Generales, S. L.
C/Torrelaguna, 60 - 28043 Madrid

Coordinación editorial: Área de Proyectos Especiales.
Santillana Ediciones Generales, S. L.

REDACCIÓN Y EDICIÓN
Juan Andrés Turri

ILUSTRACIÓN
Nestor Taylor

DISEÑO DE CUBIERTAS
Gabriela Martini y asociados

El abecé visual de mares, océanos, lagos y ríos
ISBN: 978-84-9907-008-7

Printed in USA by Nupress of Miami, Inc.
16 15 14 13   1 2 3 4 5 6 7 8 9

Índice

¿**Qué** es la hidrosfera?

La hidrosfera es el conjunto de todas las aguas del planeta. La mayor parte del agua, un 97%, es salada y está en los mares y océanos; el resto, un 3%, es agua dulce y se encuentra en los continentes (ríos, torrentes, lagos, aguas subterráneas y hielos polares y de las montañas). A través del ciclo hidrológico el agua circula entre los océanos y los continentes.

Una teoría sobre la formación de la hidrosfera

El origen de la gran masa de agua terrestre ha sido objeto de estudio durante mucho tiempo. Una de las teorías más aceptadas plantea que hace 4000 millones de años, cuando la Tierra se estaba formando, las erupciones volcánicas arrojaron a la superficie el agua contenida en el interior del planeta. Con el paso del tiempo, el vapor de agua liberado hacia la atmósfera se condensó y cayó en forma de lluvias torrenciales que formaron la hidrosfera.

La mayor parte del agua dulce se encuentra en las zonas polares y glaciares. Solo se puede acceder al 1% para el consumo humano, y se encuentra en los ríos, lagos, lagunas, embalses artificiales y acuíferos a poca profundidad del suelo.

El volumen de agua del planeta se mantiene constante: parte del agua salada de los océanos y mares se transforma en agua dulce, y esta, a su vez, regresa por medio de las corrientes de agua a los mares. De este ciclo depende la vida en la Tierra.

El agua de la Tierra está siempre en movimiento y cambia constantemente de estado (líquido, gaseoso o sólido).

La mayor parte del agua continental corre a través de las cuencas hidrográficas (áreas de drenaje de un río y de las aguas subterráneas vinculadas) hasta el mar. Allí se mezcla con el agua marina.

TOTAL DE AGUA

Agua dulce: 3%

Agua salada: 97%

AGUA DULCE

Aguas subterráneas: 20%

Casquetes polares
y glaciares: 79%

Ríos, lagos,
lagunas,
atmósfera y
seres vivos: 1%

El planeta azul
A la Tierra se la conoce también
como *planeta azul* por la cantidad
de agua que hay en su superficie.

Tanto en el agua marina como
en la continental hay sales disueltas,
aunque en el mar la salinidad es más
elevada. El agua de mar tiene un 87%
de cloruros, un 11% de sulfatos
y un 2% de otras sales.

Si bien en los continentes predominan
las aguas dulces, hay algunos lagos,
lagunas y aguas subterráneas que
pueden tener una mayor proporción
de sales o salinidad.
Un ejemplo es el Gran Lago Salado,
en Utah, Estados Unidos.

El promedio de salinidad
del mar es de 35 g (1.2 oz)
de sal por 1 kg (2.2 lb) de
agua.

El mar es la gran masa líquida que cubre la mayor parte
de la Tierra y ocupa las grandes cuencas entre los
continentes. Los bloques continentales han cambiado
de posición a través de millones de años
y en la actualidad delimitan los cuatro grandes océanos:
el Pacífico, el Atlántico, el Índico y el Ártico.

¿**Cómo** varía el caudal de un río?

El caudal de un río varía tanto a lo largo del año como en su recorrido, según la forma en que se alimenta. Esa variación, también llamada régimen fluvial, está vinculada principalmente con el clima de las zonas que el río recorre, en especial con el agua que aportan las precipitaciones y el deshielo, y la época del año en que esto ocurre. Los principales regímenes fluviales son el pluvial, el nival, el glacial y el mixto.

En el *régimen nival* el caudal se alimenta con la fusión de las nieves, y en el *régimen glacial,* con la fusión de los glaciares en las estaciones en que la temperatura es más elevada.

El caudal es el volumen de agua que lleva un río y se mide en m³ por segundo (m³/s). El lugar donde se realiza la medición del caudal se llama *aforo.* Por lo general se establecen varias estaciones de aforo a lo largo del recorrido del río.

Ríos alóctonos
Son aquellos que tienen su principal fuente de alimentación en el curso alto, donde el clima es húmedo, pero la mayor parte de su recorrido atraviesa regiones de clima árido, donde las lluvias son escasas e irregulares.

Todo río discurre por un surco, llamado *cauce* o *lecho,* que ocupa la parte más profunda del terreno y está limitado por las márgenes u orillas. La margen izquierda y la derecha se identifican teniendo en cuenta el sentido de la corriente.

La época en que el caudal se reduce al mínimo se llama *estiaje* o *bajante.* Algunos ríos, especialmente los más cortos y de zonas áridas, tienen un régimen muy irregular y en la época de estiaje una parte de su curso permanece sin agua. En estos casos el lecho queda al descubierto.

Partes de un río

Los ríos forman parte de cuencas hidrográficas, que son las áreas donde el agua corre hacia un río principal y sus afluentes.

Curso medio. Es la parte del recorrido de menor pendiente. El río se ensancha y ya no erosiona tanto, sino que transporta materiales.

Curso bajo. El río se ensancha aún más, su velocidad disminuye y deposita sedimentos. Termina en la desembocadura, que es el vertido del agua en otro río, en un lago, en una laguna o en el mar. En ocasiones los ríos terminan en zonas desérticas y las aguas desaparecen de la superficie por infiltración y evaporación.

Curso alto. Es la zona donde nace el río. En general, es montañosa. Si la pendiente es muy pronunciada, se forman rápidos, ríos de corriente impetuosa que erosionan las laderas por las que descienden.

Cuando la pendiente se hace más suave, disminuye la velocidad con que circula el agua. El río entonces empieza a serpentear formando meandros.

Desembocadura

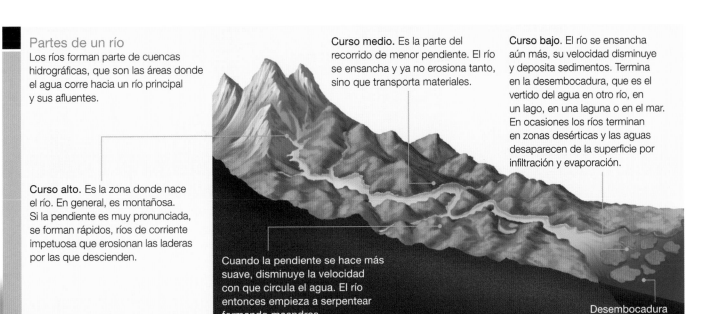

En el *régimen pluvial* las oscilaciones del caudal se deben al aporte de las lluvias. La época de creciente coincide con la estación más lluviosa.

Gran parte de los ríos, especialmente los de largo recorrido, tienen régimen mixto, es decir que combinan los regímenes pluvial, nival y glacial.

El caudal de un río es menor en el curso superior y aumenta aguas abajo, por el aporte de afluentes.

La época en la que el caudal alcanza su nivel máximo se llama *creciente*. Si las lluvias son abundantes, se puede producir una creciente superior a la normal. En ese caso, el nivel del agua supera las orillas y el agua se desborda e inunda los terrenos próximos.

¿**Qué** son los lagos y las lagunas?

Los lagos y las lagunas son acumulaciones de agua dulce o salada que se producen en zonas deprimidas del terreno. No siempre están claras las diferencias entre ellos. Ambos se encuentran en zonas con distintos relieves y climas; la profundidad puede variar desde 1 a 2000 m (de 3 a 6,561 ft) y el tamaño oscila entre unos pocos y miles de km^2 (mi^2).

¿Lagos o mares?

Existen algunos lagos difíciles de clasificar. Es el caso de las grandes masas de agua que se originaron en los brazos de un mar y quedaron aisladas en el continente. Se consideran grandes lagos salados o mares interiores, como el mar Caspio y el mar de Aral.

Los lagos y lagunas reciben aguas de ríos o arroyos. También se alimentan del agua del deshielo de los glaciares, la fusión de la nieve y el agua de lluvia. Cuando un acuífero o agua subterránea alcanza el nivel del suelo, puede coincidir con el lecho de un lago o laguna y ser su fuente de alimentación. Algunos ríos o arroyos nacen de lagos o lagunas.

Los lagos más grandes

El de mayor profundidad es el Baikal (en la imagen), que se encuentra en Asia. Su cuenca puede albergar las aguas de todo el mar Báltico.
Entre los lagos de agua salada, el mar Caspio, en Asia, se considera el más extenso. Y entre los de agua dulce, el mayor es el lago Superior, en la región de los Grandes Lagos de América del Norte.

Tanto en lagos como en lagunas se desarrollan especies muy valoradas por la pesca comercial y deportiva: pejerreyes, salmones, truchas y percas. Esta actividad debe ser controlada para que no se agoten los bancos de peces.

Más del 50 % de los lagos y las lagunas de agua dulce se encuentran en América del Norte, especialmente en Canadá. También son abundantes en los países escandinavos y Finlandia.

Con mayor o menor profundidad

Los lagos y las lagunas con mayor profundidad suelen tener diferencias de temperatura desde la superficie (más cálida) hasta el fondo (más frío). Estas variaciones térmicas pueden cambiar con las estaciones; por ejemplo, en las regiones de clima frío, la capa superior es más fría durante el invierno porque se congela. Los que se encuentran en latitudes medias presentan cambios en la estratificación de sus aguas.

En invierno, las capas superiores se enfrían, su densidad aumenta y, por lo tanto, descienden. Cuando esto sucede, son reemplazadas por capas más profundas que ascienden. Este proceso favorece el desarrollo de peces, porque permite que los nutrientes del fondo asciendan a la capa superior. La cantidad de agua de los lagos y las lagunas con menor profundidad puede variar mucho entre las estaciones secas y húmedas debido a la evaporación. Por la acción del oleaje y el viento la circulación vertical puede ser turbulenta, lo que permite que no haya diferencias térmicas y que el agua sea más turbia. Estos lagos y lagunas suelen llenarse más rápidamente de sedimentos.

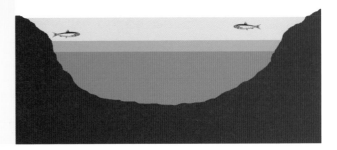

En un lago o laguna se pueden distinguir las siguientes zonas: una es el *litoral* u orilla, donde se pone en contacto el agua y la tierra y se desarrolla la vegetación; la otra es el *lago* propiamente dicho, donde crecen el fitoplancton, el zooplancton, las algas y los peces.

Los lagos y las lagunas pueden encontrarse a distintas alturas; por ejemplo, el Mar Muerto, un gran lago salado ubicado entre Israel, Cisjordania y Jordania, que está a más de 400 m (1,312 ft) bajo el nivel del mar, y los lagos del Himalaya, que se encuentran a alturas superiores a los 4800 m (15,748 ft).

En general, se considera que los lagos son más grandes y profundos que las lagunas. Sin embargo, hay excepciones. En Argentina, por ejemplo, la laguna Mar Chiquita, en la provincia de Córdoba, tiene unos 2000 km^2 (772 mi^2) de superficie, y el lago Escondido, en la provincia del Neuquén, tiene 3,5 km^2 (1.3 mi^2).

¿**Cómo** es el fondo del mar?

En el fondo de los mares y océanos hay relieves de distinto tipo: valles, montañas, llanuras, mesetas y depresiones. Es un espacio dinámico, con procesos geológicos, como los tectónicos y volcánicos, semejantes a los que se producen en la superficie de los continentes. El geólogo estadounidense Harry Hess (1906-1969) fue quien propuso la teoría de que los fondos oceánicos se expanden y están en continua formación.

En zonas de subducción, en el fondo del mar se forman *cañones,* que son valles con paredes abruptas y profundidades de hasta 5000 m (16,400 ft). En ellos se depositan los sedimentos que transportan los ríos hacia el mar.

Los fondos oceánicos, tal como se conocen en la actualidad, se han formado a lo largo de unos 190 millones de años.

Las *islas* son relieves que emergen sobre el nivel del mar. Algunas se formaron en el fondo del mar; otras, en cambio, son relieves continentales que han sido cubiertos parcialmente por el agua marina. Islandia, por ejemplo, es una parte emergente de la dorsal atlántica, y la isla de los Estados, en el extremo sur de América, es un sector emergido de la cordillera de los Andes que se ha hundido.

Las dorsales oceánicas son cordilleras o sistemas montañosos de gran extensión que se encuentran en el fondo del mar. Son zonas con actividad volcánica y sísmica que se disponen aproximadamente en el centro del océano, en sentido paralelo a las costas de los continentes. Están constituidas por rocas volcánicas, como el basalto.

Perfil del fondo oceánico

Zócalo o talud continental. Es una zona de pendiente muy acentuada que marca el desnivel que se produce entre la plataforma continental y las profundidades marinas. Los sedimentos de los ríos y de la plataforma continental se precipitan por las enormes gargantas y cañones que suelen formarse en el talud.

Costa. Parte del relieve continental que es invadido por el mar y donde se establece la línea de costa.

Plataforma continental. Tiene profundidades que van desde 0 m en la línea de costa hasta unos 200 m (656 ft). Ocupa alrededor del 10% del área oceánica.

Fondo marino. Son las zonas contiguas al talud o pared continental. Ocupan alrededor del 80% de las áreas oceánicas. Se encuentran a profundidades de entre 2000 y 6000 m (6,561 y 19,685 ft).

Fosa abisal. Son los sectores de mayor profundidad de la corteza terrestre. Se trata de valles largos y estrechos que pueden superar los 8000 m (26,246 ft) de profundidad.

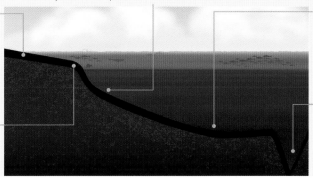

Las *plataformas submarinas* son una extensión de los relieves continentales que han quedado cubiertos por mares poco profundos. Presentan forma de meseta y su extensión varía de acuerdo con el tipo de relieve continental del que proceden.

En otras zonas del fondo marino se producen hundimientos que forman *fosas* de gran profundidad. En ellas, los movimientos de la corteza terrestre provocan frecuentes maremotos (terremotos submarinos) y erupciones volcánicas.

Algunos sistemas montañosos formados por la actividad volcánica constituyen archipiélagos. Es el caso de los volcanes de las islas Hawai, pues si se miden desde el fondo oceánico hasta la cima emergida pueden ser considerados los más altos del planeta. El volcán Mauna Loa, por ejemplo, supera la altura del monte Everest: mide en total 9170 m (30,085 ft) (5000 m [16,400 ft] bajo el nivel del mar y 4170 m [13,681 ft] sobre el nivel del mismo).

El magma asciende desde las profundidades de la Tierra, sale por las líneas de fractura y se deposita creando relieves como las dorsales oceánicas.

El magma, al ascender, también provoca erupciones volcánicas que dan origen a volcanes. Si al crecer el volcán emerge sobre el nivel del mar, forma una isla volcánica.

¿**Cómo** se desarrolla la vida en los mares?

En los mares hay una gran biodiversidad que se distribuye de manera diferente tanto en sentido horizontal como vertical y se concentra en las zonas más cercanas a la costa y hasta unos 200 m (656 ft) de profundidad. Se considera que la vida del mar es la gran fuente de alimento para el futuro.

Se llama *nerítica* la zona más próxima a la costa. Es la que tiene la biodiversidad más alta y mayor cantidad de nutrientes. Se extiende sobre la plataforma continental, que llega a los 200 m (656 ft) de profundidad, entre la costa y el comienzo del talud o pared continental.

La energía solar es fundamental para la vida en el mar. Según la cantidad de luz que reciben las profundidades y el desarrollo de la vida marina, se distinguen dos zonas: la *fótica* y la *afótica*.

La zona fótica es la que recibe luz y permite el desarrollo de organismos, como las algas, que realizan la fotosíntesis. La mayor parte de los organismos se encuentra en los primeros 50 m (164 ft).

La zona afótica, por debajo de los 300 m (984 ft) de profundidad, no recibe la luz de los rayos solares. Allí viven las especies de animales que pueden subir a la parte superior para encontrar alimento, o las que se alimentan de la materia que cae de los estratos superiores, como hacen el pulpo, el calamar gigante, el tiburón ártico y el abadejo, entre otros.

El *bentos* reúne a los seres vivos que se desarrollan sobre el fondo marino, no presentan capacidad de desplazamiento y viven fijos al sustrato rocoso. Entre las especies bentónicas se encuentran las algas, los corales esponjas, las estrellas de mar, los erizos, los moluscos bivalvos, las medusas, etc. Las comunidades bentónicas que presentan mayor biodiversidad son los arrecifes de coral.

El *plancton* está compuesto por pequeños organismos que flotan y son arrastrados por las corrientes, las mareas y el oleaje. Es la base de la cadena trófica en el mar, ya que sirve de alimento al resto de los organismos acuáticos.

El *necton* agrupa a las especies que tienen capacidad de desplazarse por sus propios medios, como los peces, los crustáceos, los moluscos y los mamíferos acuáticos.

En peligro de extinción

Tortugas marinas

Se encuentran amenazadas por varios motivos, entre ellos: el tráfico ilegal de caparazones y la contaminación de los mares. También influye el aumento del turismo, debido a que las playas donde ponen sus huevos ya no son tan tranquilas.

Salmón del Atlántico

Está en peligro por la sobrepesca y la contaminación de los mares. Según los estudios de la Organización de Conservación del Salmón del Atlántico Norte (NASCO), este pez ha desaparecido prácticamente de unas 300 cuencas fluviales de Europa y América del Norte.

Ballenas

Hasta hace unos años la captura de las ballenas para su aprovechamiento industrial (aceite para cosméticos, combustible, etc.) era la principal causa de extinción de estos cetáceos. Dado el incremento del tráfico marítimo y la actividad pesquera, en la actualidad se suman otras amenazas, como quedarse atrapadas en los aparejos de pesca, las colisiones con los barcos y la contaminación por petróleo.

¿**Cómo** se originan los lagos?

La mayoría de los lagos tiene origen glaciar y muchos son restos de la última glaciación. Pero en la formación de los lagos pueden intervenir múltiples procesos, solos o combinados: tectónicos, erosivos, hidrológicos y hasta humanos.

Los glaciares son acumulaciones de hielo que se extienden principalmente en las zonas polares y también en las cimas de las montañas –incluso en las altas cordilleras ubicadas en la zona ecuatorial.

Es común que las lenguas o prolongaciones del glaciar que bajan por las laderas lleguen hasta la orilla de un lago o del mar. Allí puede producirse el desprendimiento de masas de hielo que caen al agua formando icebergs.

Los lagos glaciares son jóvenes porque se originaron a finales de la última era glaciar, y casi todos se encuentran en áreas que estaban bajo una gruesa capa de hielo. Cuando finalizó la era glaciar, parte de esa capa se fundió y el agua resultante rellenó las zonas más bajas formando lagos.

Al pie de los glaciares suelen encontrarse lagos que son alimentados por el agua del deshielo en primavera y verano.

Lago glaciar y tectónico

La erosión glaciar transforma una depresión o fosa, producida por el hundimiento de la corteza, en un valle. Con la fusión del hielo se forma el lago. Este es el caso de muchos lagos de la Patagonia andina en América del Sur, como el Nahuel Huapi, en Argentina.

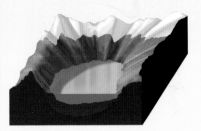

Lago de cráter volcánico

Se forma al hundirse el cráter de un volcán después de una erupción. El agua despedida durante la erupción volcánica, junto con el agua de lluvia, ocupan la depresión formando el lago. Por ejemplo, el Lago del Cráter en Oregón, Estados Unidos, se ha formado después de la erupción de un volcán hace 7700 años.

Lago de hundimiento tectónico

Debido a fracturas y líneas de falla en la corteza terrestre se produce el descenso de bloques rocosos. La fosa que se forma es ocupada luego por agua. El lago Titicaca, en el altiplano de Bolivia, tiene este origen. Estos lagos son profundos y de gran superficie.

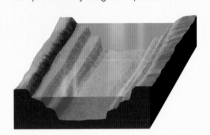

Cuando los glaciares descienden pendiente abajo, erosionan las rocas y forman los valles. Al fundirse el glaciar, el agua rellena el valle formando un lago profundo. Por otra parte, el glaciar arrastra en su deslizamiento las morrenas, fragmentos de rocas y tierra que se van depositando a los lados o en el frente de la lengua glaciar y actúan como diques naturales. De la combinación de estos procesos se forma un lago de origen glaciar.

Lago aluvial

Se forma con el agua de ríos y arroyos que se separan del curso principal. El lago en herradura es un tipo de lago aluvial que se produce por la separación de un meandro del río. Un ejemplo de este proceso se encuentra en el sudoeste de Eslovaquia, en el recorrido del río Tisa.

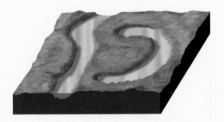

Lago en una depresión eólica

En las zonas áridas, la erosión del viento puede formar una depresión en el terreno. Y si hay acuíferos en el subsuelo, pueden brotar hacia la superficie y llenar la depresión hasta formar un lago. Se cree que el Colhué Huapi, en Argentina, tiene este origen.

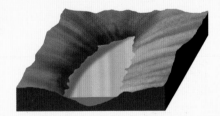

Lago artificial o embalse

Se forma por la intervención humana mediante la construcción de diques que embalsan las aguas de un río. El agua retenida forma el embalse o lago artificial. Uno de los más grandes de Europa es el Alqueva, en el curso del río Guadiana, en Portugal.

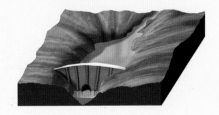

Las glaciaciones

Son etapas de expansión de las masas de hielo en la superficie terrestre que se producen cuando el clima en la Tierra se vuelve mucho más frío. Entre las glaciaciones transcurren períodos interglaciales, en los que, debido al aumento de la temperatura, los hielos retroceden. En este momento nos encontramos en una época de retroceso que se inició hace unos 10 000 años aproximadamente.

¿**Cómo** se forman las aguas subterráneas?

Las aguas subterráneas son grandes reservas acuíferas que se forman principalmente por las precipitaciones que se infiltran en las profundidades de los terrenos. El ser humano las ha utilizado desde tiempos muy antiguos y aún hoy muchas personas dependen de ellas para vivir. Son particularmente valoradas en las regiones áridas, donde no abundan las fuentes de agua en superficie como ríos o lagos.

El agua en contacto con un suelo permeable desciende atravesando capas con distintos tipos de rocas, algunas más porosas y absorbentes y otras menos. Cuando se topa con una zona de rocas impermeables, que tiene minerales arcillosos, se detiene y se acumula, formando la capa freática.

El agua caída que no se infiltra en el subsuelo discurre hacia los ríos, los lagos y las lagunas.

Las aguas se acumulan en zonas del subsuelo donde las rocas funcionan como esponjas. Se forma así una capa rocosa saturada de agua. Cuando de esa capa se pueden extraer grandes cantidades de agua para uso humano, recibe el nombre de *acuífero*.

La renovación del agua de un acuífero se puede producir por la infiltración desde lagos, lagunas y ríos. Este proceso no solo depende de la cantidad de agua de lluvia e infiltrada, sino también de la velocidad con que se mueve a través de las capas de rocas.

Agua escondida en cuevas

Existen regiones donde los terrenos están compuestos por rocas, como las calizas, que se disuelven fácilmente con el agua. En estas formaciones el agua que se infiltra disuelve las rocas y forma cuevas y galerías. Estos mecanismos se denominan procesos cársticos. El agua fluye por el subsuelo y se deposita en las cuevas y galerías formando ríos y lagos subterráneos, también llamados acuíferos cársticos. Un inconveniente que presenta el uso de estas fuentes es que el agua fluye más rápido y no pasa por suficientes filtros naturales, por lo que puede tener un bajo nivel de potabilidad.

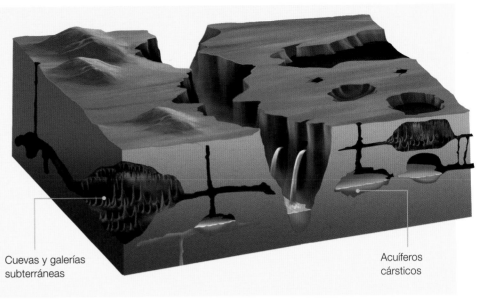

Cuevas y galerías
subterráneas

Acuíferos
cársticos

Acuíferos en todo el mundo

Existen importantes acuíferos que han permitido que las personas desarrollen actividades y organicen asentamientos. Es el caso del de la llanura central australiana o de los que alimentan los oasis del desierto del Sáhara y de Arabia Saudí. En España destaca el sistema de acuíferos de la cuenca hidrográfica del Duero.

Dos de los principales problemas que genera el uso de esta fuente es, por un lado, el agotamiento del recurso por la excesiva explotación y, por otro, la contaminación que se produce cuando se realizan descargas de agua contaminada en el subsuelo.

El agua subterránea, en general, es dulce –tiene muy baja salinidad– y potable –puede ser bebida sin riesgo–. El agua se depura y se potabiliza al pasar por diferentes capas rocosas que funcionan como filtros naturales en el subsuelo.

Las aguas subterráneas no requieren de grandes construcciones, canales o tuberías. Se pueden extraer por bombeo mediante una perforación hasta la capa freática.

¿**Por qué** se producen las mareas?

as mareas, es decir, las subidas y bajadas diarias del nivel del mar, se producen por la combinación de las fuerzas gravitatoria y centrífuga. La primera es la que mantiene la atracción de los cuerpos entre sí; gracias a ella se origina el movimiento de traslación de la Tierra alrededor del Sol y de la Luna alrededor de la Tierra. La atracción gravitacional que ejercen en conjunto el Sol y la Luna provoca el movimiento rítmico de las mareas. La Tierra, además, experimenta una fuerza centrífuga (hacia afuera), debido a la rotación del planeta sobre su eje.

Amplitudes de marea

En alta mar las mareas presentan variaciones de cerca de 1 m (3 ft) de altura, y en las costas las diferencias de altura respecto al nivel del mar son superiores a 10 m (32 ft). Esto se percibe con claridad cuando hay objetos o puntos de referencia que permiten observar los desniveles, como promontorios rocosos o barcos encallados.

El nivel del mar cambia durante el transcurso del día. Desde por la mañana temprano hasta el mediodía las aguas se retiran y las playas se hacen más extensas. El nivel más bajo de este reflujo es la *bajamar.*

La Luna es la causa principal de las mareas. Hay períodos del año en que los desniveles de las mareas son más notorios porque, en algunos casos, la atracción de la Luna y el Sol se suman mientras que, en otros, se contrarrestan.

Hacia las seis de la tarde aproximadamente, el nivel del mar comienza a subir. Cuando alcanza su nivel más alto se llama *pleamar.*

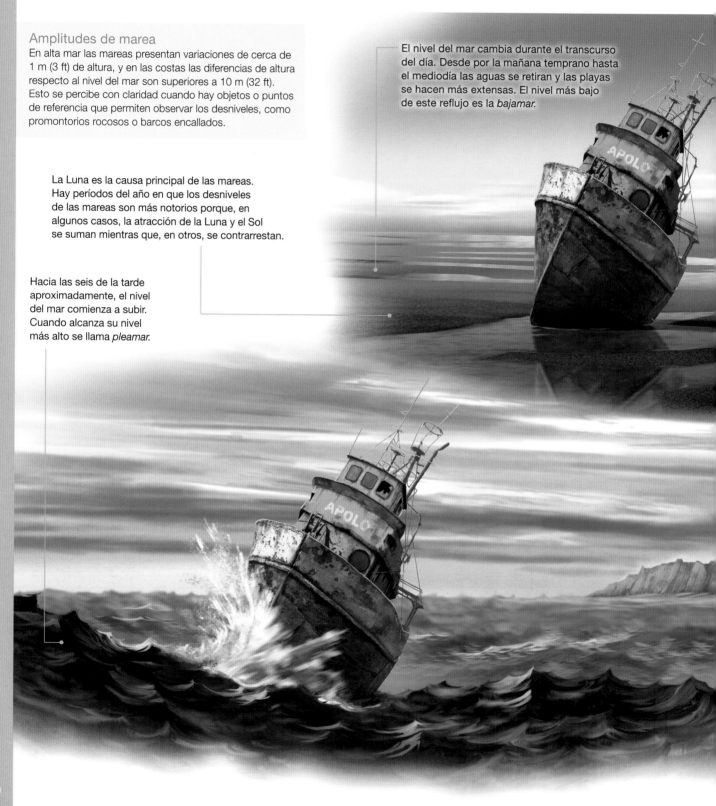

El tiempo transcurrido entre la bajamar y la pleamar es de 6 horas y 12 minutos, aproximadamente. Durante el día se producen dos bajamares y dos pleamares.

Efectos de las mareas

El constante cambio de nivel de las aguas tiene importantes efectos sobre la navegación. Por eso es necesario determinar la duración del viaje, y organizar las llegadas y salidas de los puertos. Las actividades de pesca también se rigen por las mareas, tanto para la salida y llegada de los barcos pesqueros como para las tareas de descarga. En algunas playas, durante la bajamar se pueden recolectar marisco y algas. Las mareas también influyen en la vida de los animales marinos, ya que tienen que adaptarse a cambios muy bruscos en toda la zona de intermareas.

Energía mareomotriz

En algunas partes del mundo se han utilizado las mareas para generar electricidad. Las etapas del funcionamiento de una central mareomotriz son las siguientes:
1. Al subir la marea las compuertas se abren y el agua de mar pasa al embalse.
2. En el momento que el agua llega al nivel máximo del embalse se cierran las compuertas.
3. Cuando la marea baja y se produce la máxima diferencia entre el embalse y el nivel del mar, se abren las compuertas de las bocas de salida para que el agua pase a través de ellas y su fuerza haga funcionar las turbinas que generan electricidad.

Las centrales mareomotrices pueden instalarse en las costas cerradas de bahías y golfos que tengan una importante amplitud de marea. La primera central fue construida en 1967 en Rance, Francia. Otros países que utilizan este tipo de energía son Canadá, Rusia y China.

Tipos de mareas

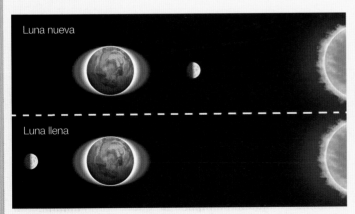

Luna nueva

Luna llena

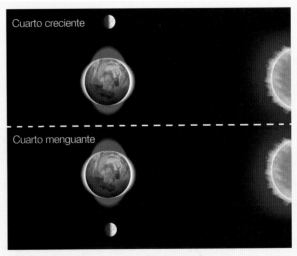

Cuarto creciente

Cuarto menguante

Mareas vivas o de sizigias

Son las más acentuadas porque la Luna y el Sol ejercen su atracción en una misma línea. La pleamar y la bajamar tienen una gran diferencia respecto al nivel de las aguas. Coinciden con la Luna llena y la Luna nueva.

Mareas muertas o de cuadratura

La Luna y el Sol forman con la Tierra un ángulo recto; la atracción de la Luna es contrarrestada por la del Sol. En pleamar y bajamar la diferencia del nivel de las aguas es menos acentuada. Se producen en cuarto menguante y cuarto creciente.

¿**Qué** son los accidentes costeros?

Los accidentes costeros son las formas irregulares que presentan las costas, es decir, las zonas de contacto entre el mar y los relieves continentales que emergen sobre el nivel del agua. Estos accidentes se forman por la combinación de los procesos que originan los relieves continentales y la acción del mar. En general, se pueden agrupar en salientes, como cabos y penínsulas, y entrantes, como bahías y golfos.

Naturales o construidos

Algunos canales son naturales, como el de la Mancha, entre la costa británica y la francesa. Otros son construidos por el ser humano, como el canal de Panamá, que comunica el océano Atlántico con el Pacífico en Centroamérica, o el de Suez, que une el mar Rojo con el Mediterráneo.

Los *estrechos* y los *canales* son porciones del mar que se encuentran entre dos partes de tierra firme y permiten la comunicación de dos masas de agua mayores (mares u océanos).

Una *isla* es una porción de relieve continental que emerge y está rodeada de agua. Su tamaño es variable; cuando es muy pequeña suele denominarse islote. Los conjuntos formados por dos o más islas cercanas se llaman archipiélagos.

El oleaje y las corrientes marinas producen acumulaciones de sedimentos en las costas. Así se producen barreras de arena paralelas a la costa que van cambiando de forma con el tiempo. A veces, la acumulación cierra la barrera y deja en el interior una laguna litoral. Este tipo de formación se denomina *costa de albufera.*

Algunos ríos transportan gran cantidad de arena, barro y limo a lo largo de su curso. Al llegar al mar su velocidad cambia y depositan sedimentos. Así se producen grandes acumulaciones de material que forman islas, entre las que discurren brazos del río. Este conjunto se denomina *delta.* El río Nilo, en África, y el Mississippi, en América del Norte, forman grandes deltas en su desembocadura.

En ciertas zonas los fondos marinos presentan grandes pendientes. Cuando esas áreas emergen y son erosionadas por el mar, se forman costas altas de pendiente abrupta que se denominan *acantilados.*

Los ríos pueden llegar al mar formando *estuarios,* es decir, desembocaduras amplias en forma de «V». Uno de los más conocidos es el del río Amazonas, en Brasil, al llegar al océano Atlántico.

Estrecho

Canal

Ensenada

Los *istmos* son extensiones de tierra, relativamente estrechas, que unen una península con el resto del continente. Un ejemplo es el istmo de Los Médanos, que une la península de Paraguaná con el territorio continental venezolano. Tiene una extensión aproximada de 27 km (16 mi) de largo por 6 km (3.7 mi) de ancho.

Las entradas del mar en el continente forman diversos accidentes que se distinguen, en general, por su extensión. Los *golfos* son los más grandes, seguidos por las *bahías* y las *ensenadas*. Las bahías presentan condiciones naturales favorables para la construcción de puertos, ya que están protegidas por las tierras exteriores y sus aguas son más tranquilas.

Costas de dálmatas

Se forman por el hundimiento de relieves montañosos paralelos a la costa. Las partes que emergen de esos relieves forman islas y penínsulas. Se encuentran, por ejemplo, en el sur de Chile y en el litoral de Croacia.

Costas de fiordos

Son costas de inmersión que se producen por el hundimiento de valles de erosión glaciar. Son recortadas y con fiordos, que son entrantes profundos de hasta 200 km (124 mi) con paredes altas y abruptas. Los fiordos son comunes en la península Escandinava y en el norte canadiense.

Costas de rías

Se originan por el hundimiento de valles fluviales ubicados entre cordones montañosos perpendiculares a la costa. El tramo final de esos valles se encuentra invadido por el mar. Son características del litoral gallego.

Golfo

Bahía

¿**Qué** son los arrecifes de coral?

E n algunos mares y océanos se desarrollan arrecifes de coral, ecosistemas de una biodiversidad tal que suelen definirse como las «selvas del mar». Se considera que en ellos se encuentran representados todos los grupos de organismos marinos existentes.

Los organismos vivos se desarrollan en el área superior del arrecife. Cuando mueren, sus partes duras añaden carbonato de calcio a los esqueletos muertos de sus predecesores y hacen crecer el arrecife.

Un coral por dentro

Tentáculos que capturan el alimento.

Cavidad donde se realiza la digestión.

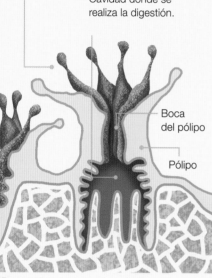

Boca del pólipo

Pólipo

Roca caliza, base del arrecife

Los corales están formados por pólipos, pequeños invertebrados marinos. Junto a los pólipos viven algas en relación simbiótica: los primeros aportan protección y nutrientes a las segundas, y estas, a su vez, ayudan a elaborar la cubierta de carbonato de calcio.

Los corales viven en colonias, ya que los pólipos se van uniendo por la construcción de un esqueleto externo común de carbonato de calcio. Algunas colonias tienen formas ramificadas, mientras que otras semejan masas rocosas que alcanzan gran tamaño.

Cuando cientos de colonias coralinas crecen una al lado de la otra, se forma un arrecife.

Condiciones naturales para que se forme un arrecife de coral

Aunque se pueden encontrar corales en cualquier mar, los arrecifes de grandes dimensiones solo se desarrollan si se dan las siguientes condiciones:

- aguas con una salinidad estable durante el año y con temperaturas de más de 20 °C [68 °F] (cálidas);
- aguas claras, sin sedimentos, que permitan el paso de la luz solar a grandes profundidades;
- zonas costeras donde haya movimiento del agua de mar y las corrientes marinas aporten nutrientes, pero que no sean tan rápidas como para impedir el crecimiento del coral.

Estas condiciones se dan principalmente en las áreas tropicales de los océanos Pacífico, Índico y Atlántico y en las costas orientales de los continentes donde las aguas son más cálidas, claras y poco profundas.

Una gran variedad de plantas y seres vivos acuáticos, como algas, peces, moluscos, crustáceos, estrellas de mar, erizos, esponjas y anémonas, viven asociados con diferentes especies de corales y forman un rico ecosistema.

Tipos de arrecifes

Arrecife costero

Es el que se forma sobre la línea de costa en islas y continentes.

Isla volcánica

Nivel del mar

Fondo del mar

Arrecife barrera

En general, crece paralelo a una costa continental separada por una gran laguna. Los más grandes son la Gran Barrera de Coral en la costa este australiana y la Barrera de Coral de Belice, país de América Central con costas en el mar Caribe. También hay barreras de coral de menores dimensiones alrededor de islas volcánicas en hundimiento.

Isla

Nivel del mar

Laguna salada o pequeño mar interior

Fondo del mar

Atolón

Es un anillo de arrecifes de coral o islas bajas hechas de coral que encierran una laguna central poco profunda. Su forma suele ser elíptica, aunque muchos son irregulares.

En lugar de la isla volcánica sumergida queda una laguna de mar poco profunda.

Pared de caliza que aparece en superficie como un anillo.

Nivel del mar

Fondo del mar

¿**Cómo** es un ecosistema de laguna?

El ecosistema de laguna está formado por componentes abióticos –el agua, la luz que reciben las aguas, la temperatura, las sales y los gases disueltos en ellas– y bióticos –gran cantidad de plantas, como juncos y nenúfares, y animales, como flamencos, nutrias, ranas y sapos.

Los flamencos son aves zancudas de largas patas que se alimentan de algas y crustáceos. Sus picos curvados contienen filamentos que les permiten filtrar el agua separando el barro del alimento que consumen.

Las plantas palustres, como el junco y la sagitaria, crecen en las orillas de las lagunas, en aguas poco profundas o en el barro de la costa. Pueden vivir parcialmente cubiertas de agua durante una parte del año, y por eso se denominan también plantas anfibias.

La nutria es un mamífero típico de laguna. Se alimenta de peces, caracoles, ranas, culebras, insectos y aves acuáticas.

Hay plantas que viven bajo el agua de la laguna. Cumplen un papel fundamental en el ecosistema, ya que producen grandes cantidades de oxígeno y utilizan las sales disueltas en el agua disminuyendo el alimento de las algas. La cola de zorra y la elodea son ejemplos de plantas sumergidas.

La tararira o dientudo es un pez de cuerpo alargado y cubierto de escamas. En las primeras etapas de crecimiento se alimenta de algas, pequeños crustáceos e insectos, pero de adulto se convierte en un depredador de otros peces.

Cadena alimentaria de laguna

Los seres vivos que forman el ecosistema de una laguna se relacionan a través del intercambio de materia y energía que se produce en las cadenas tróficas o alimentarias. Cada uno ocupa un lugar dentro de la cadena trófica: el de productor, consumidor y descomponedor.

Productores	Consumidores	Descomponedores
Los productores de laguna (algas, plantas sumergidas, flotantes y palustres) son organismos que utilizan la energía solar y sustancias inorgánicas (sales, agua, dióxido de carbono) para producir sustancias orgánicas.	Parte de los consumidores del ecosistema de laguna son herbívoros, como algunos crustáceos y peces. A su vez, sirven de alimento a otros consumidores, como los peces carnívoros, anfibios, insectos, aves y mamíferos.	Los descomponedores, como las bacterias y los hongos, transforman la materia orgánica en sustancias inorgánicas, que son utilizadas por los productores.

Las libélulas viven en las cercanías de las lagunas, donde abundan los insectos que les sirven de alimento. Pasan sus primeras etapas de crecimiento como ninfas en las aguas lacustres.

Hay plantas que flotan en la superficie de las lagunas y tienen sus raíces hundidas en el agua. Por ejemplo, el jacinto de agua, el trébol de agua y algunos helechos acuáticos como la salvinia.

Los juncos alcanzan entre 1 y 2 m (3 y 6.5 ft) de altura. En sus extremos tienen flores pequeñas y de color amarronado.
Su presencia en una laguna facilita la acumulación de materiales en el suelo, lo que permite el crecimiento de nuevas plantas.

Las ranas y los sapos son animales anfibios que habitan en el agua de las lagunas. En las primeras etapas (renacuajos) son herbívoros. Se alimentan de insectos cuando son adultos.

¿**Cómo** es el transporte marítimo de mercancías?

La mayor parte del comercio internacional de mercancías se realiza a través de los océanos y mares del mundo. La importancia del transporte marítimo se relaciona con su gran capacidad de carga y con que puede llevar distintos tipos de mercancía. En los últimos años ha sufrido grandes transformaciones motivadas por la incorporación de tecnología, lo que ha permitido aumentar los volúmenes de carga, disminuir los costes y mejorar la seguridad de la navegación.

La utilización de grandes barcos de carga requiere de *puertos* modernos, que permitan entrar y salir con rapidez y cuenten con equipamiento que facilite la carga y descarga de los contenedores. Entre los principales puertos del mundo destacan Shanghai y Hong Kong (China), Kobe (Japón) y Rotterdam (Países Bajos).

Los *buques portacontenedores* son de grandes dimensiones y alcanzan los 350 m (1,148 ft) de eslora (largo). En los últimos años han tenido un marcado desarrollo por la utilización de materiales resistentes que soportan mayor peso y por la construcción de motores más potentes que permiten alcanzar altas velocidades de navegación.

El *practicaje* es un servicio que ayuda a los barcos a entrar y salir del puerto. Se utilizan barcos pequeños o lanchas que funcionan como remolcadores para ajustar el desplazamiento de los grandes barcos.

Panamax

Hasta finales de la década de 1980 el tamaño de los barcos de carga estaba limitado por las condiciones de paso que imponían tres lugares clave en las rutas marítimas: el canal de Panamá, el canal de Suez y el estrecho de Malaca. En particular, el canal de Panamá exigía una eslora que no superara los 284 m (931 ft) y una manga (ancho) de 32,23 m (105 ft). Los barcos con estas características se denominaron *Panamax* y tenían una capacidad de carga de 2000 a 5000 contenedores estándar. Posteriormente se construyeron los *Post Panamax*, cuyas dimensiones son mayores y pueden transportar de 5000 a 8000 contenedores.

Ferris

Son embarcaciones que transportan pasajeros y vehículos. En general tienen recorridos cortos entre una costa y otra. En algunos lugares se denominan transbordadores.

Los *contenedores* son cajas metálicas de gran tamaño que se utilizan para el transporte. Las dimensiones aproximadas son 6 m (19 ft) de largo, 2,50 m (8 ft) de ancho y 2,50 m (8 ft) de alto; su capacidad es de 33 m^3 (1,165 ft^3) y el peso máximo de la carga que pueden llevar en su interior es de 28 toneladas. En general están hechos de acero, pero también se fabrican con aluminio, madera y bambú.

Tipos de buques

Cruceros

Los más pequeños pueden transportar alrededor de 500 pasajeros, mientras que los más grandes albergan cerca de 3500. Además de camarotes, los cruceros más grandes cuentan con restaurante, piscina, teatro, biblioteca, *spa* y gimnasio.

Petroleros

Se utilizan para transportar petróleo crudo hacia las refinerías. Son buques tanque o cisterna debido a que transportan cargas líquidas. En general son los que alcanzan mayores dimensiones de eslora.

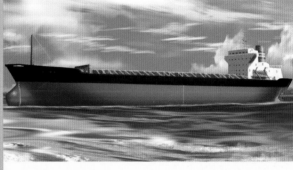

Graneleros

Se usan para el transporte de cargas secas a granel, es decir, sin envasar, como cereales (trigo, maíz), oleaginosas (soja, girasol), minerales y derivados (bauxita, cemento, sal) o maderas. Son de gran tamaño y de baja velocidad de navegación.

¿**Cómo** se forman las cataratas?

L as cataratas, uno de los paisajes más imponentes vinculados con los ríos y las cuencas hidrográficas, se desarrollan cuando en el recorrido del río se produce un desnivel que provoca la caída del agua. Las más altas o con mayor volumen de agua son atracciones turísticas tan importantes que algunas han sido consideradas maravillas del mundo.

El término *catarata* se aplica a los saltos o cascadas de agua de gran tamaño y volumen que caen formando amplias cortinas y una gran nube de agua pulverizada.

Las caídas de agua pueden tener diversos orígenes, pero en general se deben a procesos tectónicos (fallas).

Erosión por retroceso
En algunas cataratas se observa un proceso denominado erosión por retroceso: las aguas, al caer, forman una laguna donde se producen remolinos que excavan la roca que está en el lecho del río y la parte inferior de la pared. Se crea así un entrante en la base de la cascada, mientras que en la parte superior se forma una cornisa. El entrante de la parte inferior se va haciendo más profundo hasta generar el derrumbe de la parte superior. Cada derrumbe significa que la catarata retrocede. Esto ocurre, por ejemplo, en las cataratas del Niágara (América del Norte), que retroceden cerca de 1,50 m (4.9 ft) al año.

Cataratas del Niágara

Se encuentran en el río del mismo nombre, en la frontera entre Canadá y Estados Unidos. Tienen una gran amplitud y afluencia de agua que proviene de los grandes lagos Erie y Ontario. Las cataratas están formadas por dos grandes sectores: las del territorio canadiense, llamadas Horseshoe (Herradura), con una altura de 49 m (160 ft), y las de territorio estadounidense, con una altura de 53 m (173 ft). Es uno de los destinos turísticos más visitados del mundo.

Cataratas del Iguazú

Se forman en el río Iguazú, 25 km (15 mi) antes de que este vierta sus aguas en el río Paraná, en la frontera entre Argentina y Brasil. La altura de las cataratas oscila entre 60 y 80 m (196 y 262 ft) y están compuestas por unas 270 cascadas que en la estación húmeda, cuando el caudal del río es mayor, se unen formando un amplio arco de más de 4 km (2.4 mi) de longitud. Un 30% se extiende en el territorio de Brasil, en el Parque Nacional do Iguaçú, el mayor de ese país; el 70% restante se encuentra en Argentina, en el Parque Nacional Iguazú.

Además de la erosión fluvial, hay otros procesos que intervienen en la formación de las cataratas, como los geológicos, en los casos en que el río encuentra una fuerte pendiente debido a una fractura o línea de falla en la corteza terrestre.

Las caídas de agua como producto de procesos geológicos han ocurrido en la formación de muchas de las cataratas del mundo; por ejemplo, en las del Iguazú, en Argentina.

El Salto Ángel

Es considerado la caída de agua más alta del mundo. Mide 979 m (3,211 ft) y es 15 veces más alto que las cataratas del Niágara. Se encuentra en el Parque Nacional Canaima, al sur de Venezuela. Se forma cuando el río Churún atraviesa la meseta de Auyan Tepuy, en el macizo de las Guayanas, y cae por ella antes de unirse al río Orinoco. Es conocido con el nombre de Salto Angel, en reconocimiento al aviador Jimmy Angel, quien en 1937 difundió su existencia en el mundo después de sobrevolar la zona en un vuelo de reconocimiento.

Cataratas de gran altura

Las de Tugela (948 m [3,100 ft]), en Sudáfrica; las de Cuquenán (610 m [2,000 ft]), en Venezuela; las Cataratas Mardalsfossen (517 m [1,696 ft]), en Noruega; las de Takakkaw (503 m [1,650 ft]), en Canadá; las del rey Jorge VI (488 m [1,601 ft]), en Guyana; las de Krimmler (381 m [1,250 ft]), en Austria; las Silver Strand (357 m [1,171 ft]), en Estados Unidos; las de Wollomombi (335 m [1,099 ft]), en Australia, y las de Gersoppa (253 m [830 ft]), en la India.

¿**Por qué** se contaminan los mares?

E l 80% de la contaminación de los océanos y mares del planeta se debe a la actividad humana que se realiza en las costas o cerca de ellas. Una de las formas más frecuentes y de mayor impacto ambiental es el vertido de petróleo o marea negra, que afecta tanto a la fauna y flora del lugar como a las personas que habitan en sus alrededores, ya que cerca del 40% de la población mundial vive a menos de 60 km (37 mi) de una costa. Otras formas de contaminación se producen por el vertido de fertilizantes y desperdicios electrónicos, e incluso por los residuos de los cruceros turísticos.

La contaminación por hidrocarburos se produce debido a los accidentes de barcos cargados de petróleo, a los escapes en las plataformas petrolíferas y al lavado y acondicionamiento de los buques en los puertos.

Se calcula que entre el 10 y el 15% de la contaminación con petróleo anual es producida por los accidentes de los buque-cisterna.

Las manchas producidas en el mar por el vertido de hidrocarburos, especialmente de petróleo, se llama *marea negra*.

Como consecuencia de la marea negra muchos animales marinos mueren, ya que sus plumas o pelos quedan impregnados de petróleo, y eso disminuye su capacidad de flotar o volar y modifica su aislamiento térmico.

Vertidos en el mar

- En 1983, frente a las costas de Sudáfrica, el buque tanque *Castillo de Bellver* se incendió y vertió cerca de 300 millones de litros de petróleo.
- En 1989 el buque tanque *Exxon Valdez* vertió 41 millones de litros de petróleo crudo en el estrecho del Príncipe Guillermo, en Alaska.
- En 1992 el petrolero *Aegean Sea* encalló y se rompió en dos. Se vertieron unas 67 000 toneladas de petróleo en la costa de Galicia, España.
- En 2006 un ataque aéreo del ejército israelí a una planta energética a 30 km (37 mi) al sur de Beirut dañó cinco tanques de combustible provocando un vertido de 15 000 toneladas de petróleo crudo.

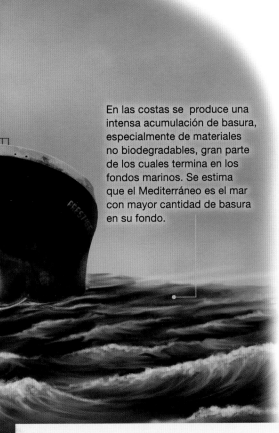

En las costas se produce una intensa acumulación de basura, especialmente de materiales no biodegradables, gran parte de los cuales termina en los fondos marinos. Se estima que el Mediterráneo es el mar con mayor cantidad de basura en su fondo.

Otras formas de contaminación

- El vertido de fertilizantes al mar produce un incremento de nutrientes, como el nitrógeno y el fósforo, que se convierten en contaminantes y aumentan la cantidad de algas tóxicas. De este modo se produce la *marea roja*.
- Los desperdicios electrónicos son una fuente creciente de contaminación de las aguas marinas. Según datos de Greenpeace, una sola pila como la que se usa en los relojes puede contaminar 6,5 millones de litros de agua.
- Un crucero tipo transporta alrededor de 3000 turistas y produce grandes cantidades de desechos: aguas residuales derivadas del aseo y lavado de ropa; residuos sólidos, como los embalajes de alimentos, y también químicos.

El desastre del *Prestige*

El 13 de noviembre de 2002 el casco del barco petrolero *Prestige* comenzó a agrietarse frente a las costas gallegas. Estaba cargado con 77 000 toneladas de fuel, uno de los derivados del petróleo menos biodegradables.

Durante los seis días siguientes las fisuras se fueron agrandando, hasta que el casco se partió en dos y se hundió en las aguas del océano Atlántico. Parte del fuel llegó a las costas, afectando desde el norte de Portugal hasta la costa de Francia, con particular incidencia en el litoral de Galicia. Una parte del vertido se extendió por las aguas marinas y otra se depositó en el fondo del mar. A seis años del accidente se estima que solo una parte del petróleo transportado salió del barco, mientras que otra continúa aún en sus tanques y fluye esporádicamente hacia las aguas a través de grietas provocadas por la acción del mar.

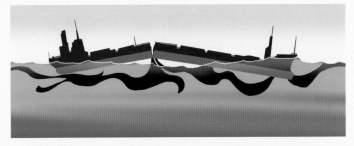

Con la ruptura del casco del *Prestige,* algunos de los compartimentos que contenían fuel se abrieron. Así comenzó el vertido, y la mancha se expandió por la superficie.

El hundimiento final provocó que el fuel continuara saliendo y ascendiera hacia la superficie.

Aguas residuales

Una de las principales fuentes de contaminación son las aguas residuales, llamadas aguas negras, que llegan al mar a través de los ríos que desembocan en él o de cañerías y conductos. Provienen tanto de los desagües cloacales domésticos como de los residuos producidos en la industria, la agricultura o la minería. Se calcula que en muchos países en desarrollo más del 80% de las aguas negras llegan al mar sin ningún tratamiento previo.

¿**Dónde** viven los
mamíferos marinos?

Hay distintas especies de mamíferos marinos y cada una de ellas tiene hábitats de preferencia –a distintas profundidades, en aguas con determinadas temperaturas– o migran temporalmente para reproducirse y tener crías. Algunas especies son totalmente acuáticas y otras alternan entre la vida en el agua y la costa, sobre tierra firme.

Los *cetáceos* pueden medir desde 1 hasta 30 m (3 a 98 ft). La ubicación de sus fosas nasales en la parte superior de la cabeza les permite permanecer gran parte del tiempo sumergidos en el agua y asomarse solo para respirar.

Emiten impulsos sonoros para orientarse en el agua y se alimentan de plancton. Muchas especies de ballenas no poseen dentadura, sino barbas en la mandíbula superior. Otros cetáceos son dentados, como las orcas, los cachalotes y los delfines.

Las *morsas* son animales de gran tamaño, aunque los machos son más grandes que las hembras. Pueden alcanzar los 3 m (9 ft) de largo y pesar más de una tonelada. Destacan por sus grandes colmillos, cuya longitud puede llegar hasta los 90 cm (35 in).

Focas

Viven, en general, en los mares
de aguas más frías, como
el Ártico y las aguas subárticas
y subantárticas de los océanos
Pacífico y Atlántico. Su tamaño
varía entre 1 y 5 m (3 y 16 ft).
Se alimentan de invertebrados,
aves, peces y también de otros
mamíferos marinos. La foca
monje del Caribe se ha extinguido
totalmente y otras especies
de focas están gravemente
amenazadas, como la foca monje
de Hawai y del Mediterráneo.

Ballenas

Las ballenas se alimentan de peces
pequeños, moluscos y crustáceos
que filtran a través de las barbas.
El alimento preferido de las que viven en los
mares cercanos a los polos, especialmente
en el sur, es el *krill,* un diminuto crustáceo
que abunda en esas zonas del planeta.
Suelen vivir en parejas o pequeños grupos,
y se aparean en mares templados
o cálidos. Las crías son capaces de nadar
al nacer. Se alimentan de la leche de la
madre, muy rica en grasas. La gestación
de las crías dura de 10 a 12 meses.
Las hembras son siempre más grandes
que los machos.

Los *lobos marinos* tienen las extremidades
en forma de aletas con palmas y su cabeza
es relativamente pequeña. Pasan casi
todo el tiempo en el mar y son muy hábiles
para obtener su alimento. Pueden consumir
entre 15 y 25 kg (33 y 55 lb) de pescado
al día.

Los *delfines* se alimentan de toda clase de pequeños
peces. Uno de sus mayores depredadores
es el tiburón. El ser humano también es responsable
de su depredación, ya sea a través de la caza
o porque los animales quedan atrapados
en las redes de los barcos atuneros.

Su estancia en tierra firme es para descansar
y reproducirse. Al llegar la primavera comienzan
a reunirse; primero llegan los machos, que pasan
casi todo el día en tierra, y poco después llegan
las hembras, que vienen a parir.

¿**Qué** son las corrientes marinas?

Las corrientes marinas son movimientos continuos y permanentes en el agua provocados por la acción del viento y por la diferencia de densidad y temperatura. Pueden ser superficiales o profundas y trasladan agua templada desde el ecuador hacia los polos y agua fría de los polos hacia el ecuador. Influyen tanto en la navegación como en el clima y la vida en el mar.

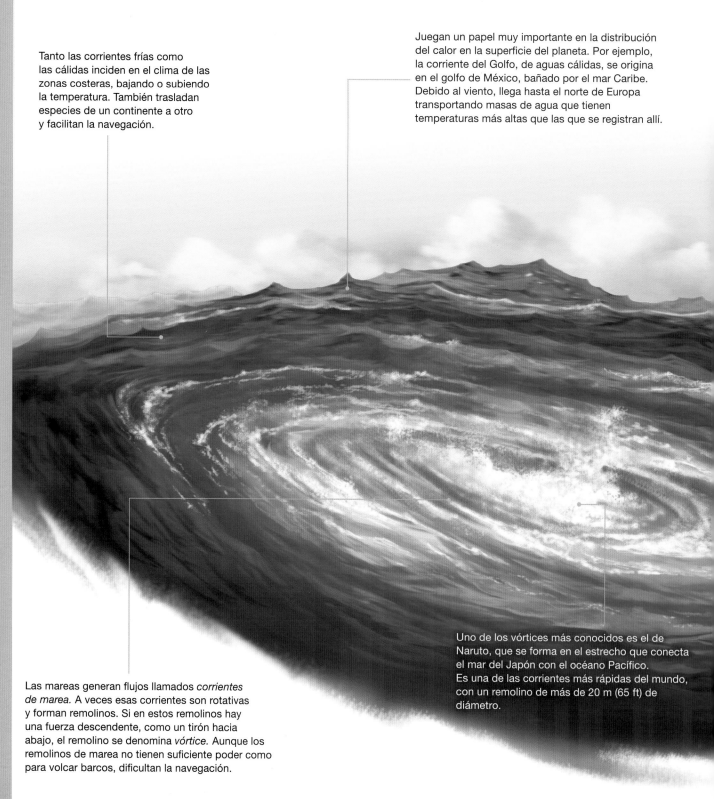

Tanto las corrientes frías como las cálidas inciden en el clima de las zonas costeras, bajando o subiendo la temperatura. También trasladan especies de un continente a otro y facilitan la navegación.

Juegan un papel muy importante en la distribución del calor en la superficie del planeta. Por ejemplo, la corriente del Golfo, de aguas cálidas, se origina en el golfo de México, bañado por el mar Caribe. Debido al viento, llega hasta el norte de Europa transportando masas de agua que tienen temperaturas más altas que las que se registran allí.

Las mareas generan flujos llamados *corrientes de marea.* A veces esas corrientes son rotativas y forman remolinos. Si en estos remolinos hay una fuerza descendente, como un tirón hacia abajo, el remolino se denomina *vórtice.* Aunque los remolinos de marea no tienen suficiente poder como para volcar barcos, dificultan la navegación.

Uno de los vórtices más conocidos es el de Naruto, que se forma en el estrecho que conecta el mar del Japón con el océano Pacífico. Es una de las corrientes más rápidas del mundo, con un remolino de más de 20 m (65 ft) de diámetro.

Corrientes superficiales

Se producen por el arrastre de los vientos y se mueven a velocidades bajas, a unos pocos kilómetros por hora. Debido a la rotación de la Tierra este desplazamiento sufre un desvío: en el hemisferio norte hacia la derecha y en el hemisferio sur hacia la izquierda. Este desvío se conoce como efecto Coriolis y hace circular las corrientes en remolinos o círculos. Las corrientes superficiales cálidas son las que tienen origen en las aguas cálidas de los trópicos y se dirigen hacia las latitudes medias y altas.
Las corrientes superficiales frías se originan en las latitudes medias y altas y se dirigen hacia el este. Las corrientes mixtas se originan con una temperatura y la cambian en el trayecto.

Corrientes profundas

El 90% del agua del océano se mueve a través de corrientes profundas. Estas se producen por cambios de temperatura y densidad de la masa de agua. En el esquema se ha representado la circulación de aguas en profundidad en el océano Atlántico. El agua de mar se hunde cuando se enfría y se vuelve más densa o más salina. Esto ocurre en las zonas polares del Ártico y la Antártida. Por el contrario, cuando las masas de agua son más calidas o menos salinas tienden a ascender.

El afloramiento o ascenso de masas de agua desde la profundidad es un fenómeno muy importante desde el punto de vista económico, porque el agua que asciende arrastra nutrientes a la superficie y esto favorece la concentración de flora y fauna marina.

Mensajes en botella

Son muchos los ejemplos que confirman que las botellas con mensajes arrojadas al mar pueden llegar a algún destino. Esto sucede gracias a las corrientes marinas, aunque es difícil establecer el itinerario exacto. A menudo, en relatos y películas de náufragos los supervivientes son encontrados y rescatados gracias a un mensaje de socorro enviado dentro de algún recipiente flotante. En mayo de 2002 un estadounidense lanzó una botella durante una travesía en el Atlántico y fue encontrada en una playa de Fouras, en Charente-Maritime, Francia, tras haber estado 1742 días a la deriva.

Gracias a las corrientes, durante el siglo xv las naves a vela lograron hacer los viajes en menor tiempo.

¿A **qué** profundidades ha llegado la exploración humana?

D esde la Antigüedad se tienen registros de la exploración marina por parte del ser humano, practicada con fines militares, económicos o de investigación. Mediante el buceo, con la ayuda de artefactos diseñados especialmente o con submarinos, se ha podido descender a zonas cada vez más profundas.

El *buceo* es la actividad que permite nadar bajo la superficie del mar con o sin equipo. Puede ser deportivo, de pesca o captura de fauna o de investigación.

La botella almacena aire y permite respirar bajo el agua y permanecer sumergido durante un tiempo. Está compuesta por un cilindro de aire comprimido, un regulador que ajusta la presión del aire y una boquilla por donde el buzo puede obtener aire. Suele ser de acero o de aluminio.

Con un equipo como este una persona entrenada puede descender a más de 100 m (328 ft) de profundidad.

En las distintas modalidades de buceo se utiliza un equipo básico formado por un traje aislante de neopreno, un tubo de respiración o *snorkel,* aletas y unas gafas para proteger los ojos y facilitar la visión.

Los buzos llevan también un reloj especial que, según los modelos, les sirve de brújula o de medidor de la profundidad a la que se encuentran, y les indica el tiempo que llevan bajo el agua para poder calcular con exactitud las paradas de descompresión que deben realizar en caso de ser necesarias.

A lo largo de los siglos, muchos han buceado a pulmón para extraer marisco, algas, perlas, corales o reparar barcos. La técnica se basa en el control de la respiración, también denominada apnea. El buceo en apnea puede ser recreativo o deportivo, y la profundidad, en general, no sobrepasa los 40 m (131 ft).

Un récord

Entre las mejores marcas de profundidades alcanzadas por buzos profesionales con equipo suelen mencionarse la de Jacques-Yves Cousteau y los buceadores del *Calypso,* que alcanzaron los 74 m (242 ft) de profundidad en 1955; la de los italianos Olgiani, Noveli y Falcó, que descendieron hasta los 130 m (426 ft) en 1959, y la del estadounidense Jim Bowden, que llegó a los 285 m (935 ft) en el río Zacatán, México, en 1994.

Artefactos submarinos

Para llegar a las profundidades acuáticas es posible utilizar diversos artefactos en los que las personas no entran en contacto directo con el agua. Los hay tripulados o no, conectados en superficie o autónomos.

Los delfines llegan a profundidades de unos 70 m (229 ft), y por eso suelen ser útiles para la práctica del buceo. Aferrándose a su aleta dorsal el buzo puede bajar o subir más rápido.

El buceo conectado con la superficie fue característico de finales del siglo XIX y principios del XX. Su equipamiento principal era un traje impermeable, un casco de cobre con mirillas circulares y zapatos pesados que funcionaban como lastre. Con este equipo algunos buzos descendieron a 100 m (328 ft) de profundidad.

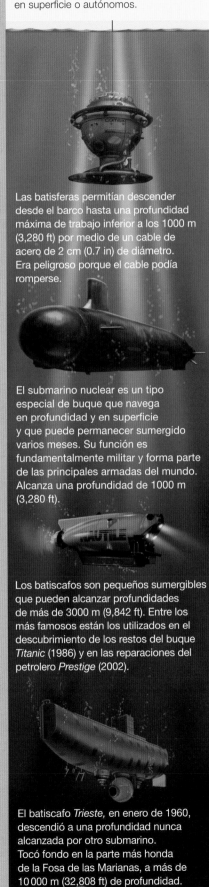

Las batisferas permitían descender desde el barco hasta una profundidad máxima de trabajo inferior a los 1000 m (3,280 ft) por medio de un cable de acero de 2 cm (0.7 in) de diámetro. Era peligroso porque el cable podía romperse.

El submarino nuclear es un tipo especial de buque que navega en profundidad y en superficie y que puede permanecer sumergido varios meses. Su función es fundamentalmente militar y forma parte de las principales armadas del mundo. Alcanza una profundidad de 1000 m (3,280 ft).

Los batiscafos son pequeños sumergibles que pueden alcanzar profundidades de más de 3000 m (9,842 ft). Entre los más famosos están los utilizados en el descubrimiento de los restos del buque *Titanic* (1986) y en las reparaciones del petrolero *Prestige* (2002).

El batiscafo *Trieste,* en enero de 1960, descendió a una profundidad nunca alcanzada por otro submarino. Tocó fondo en la parte más honda de la Fosa de las Marianas, a más de 10 000 m (32,808 ft) de profundidad.

¿**Quiénes** buscan tesoros en el mar?

Los mares tienen muchas riquezas: bancos de pesca, perlas preciosas, petróleo, corales, etc. Pero cuando se habla de búsqueda de tesoros se hace especial referencia a los que provienen de los barcos que naufragan y van a parar al fondo del mar. Los piratas siempre se han destacado entre los buscadores de tesoros pero, en la actualidad, muchas expediciones con tecnologías de última generación exploran los barcos hundidos.

Piezas arqueológicas

La exploración submarina no solo se ha empeñado en buscar fabulosos tesoros, sino también en localizar piezas arqueológicas. Mediante esta actividad se han rescatado del mar la mayoría de los bronces griegos que se encuentran en los museos europeos. Los buzos experimentados utilizan tecnologías de avanzada precisión para encontrar tesoros. Gracias a un GPS (Sistema de Posicionamiento Global) acuático se puede establecer la localización exacta de una pieza arqueológica.

Ecosonda

Una de las tecnologías que se utilizan para descubrir tesoros es la ecosonda. Desde un barco se produce una serie de ondas que viajan hasta el fondo y después rebotan hacia la superficie, donde son registradas. Mediante esos registros se puede conocer el relieve del fondo marino e identificar los elementos que allí se encuentran.

Gran parte de los barcos que yacen en el fondo del mar son antiguas embarcaciones españolas que durante más de 300 años, entre los siglos xvi y principios del xix, cruzaron el océano Atlántico. Se cree que muchos de ellos, como los galeones, se hundieron con valiosas cargas provenientes de las colonias españolas en América.

Desde hace varios años, la Organización de las Naciones Unidas promueve la firma de un compromiso para declarar a los cientos de miles de barcos hundidos como Patrimonio Cultural Subacuático de la Humanidad. Esto obligaría a los Estados a preservar los elementos naufragados, conservarlos *in situ* y prohibir su explotación lucrativa o especulativa.

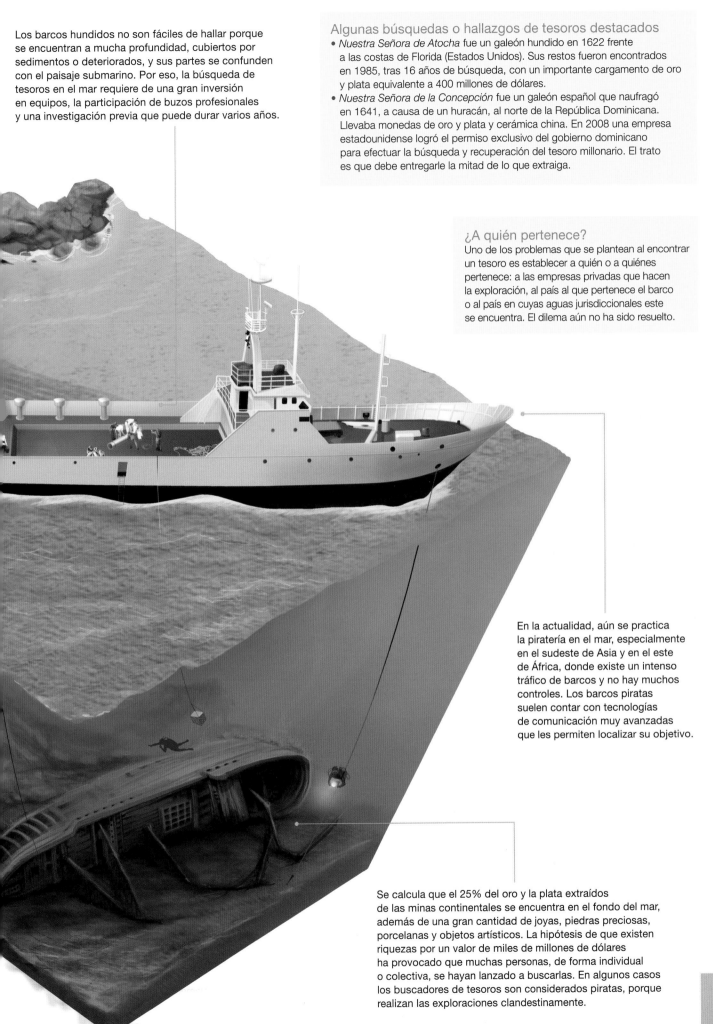

Los barcos hundidos no son fáciles de hallar porque
se encuentran a mucha profundidad, cubiertos por
sedimentos o deteriorados, y sus partes se confunden
con el paisaje submarino. Por eso, la búsqueda de
tesoros en el mar requiere de una gran inversión
en equipos, la participación de buzos profesionales
y una investigación previa que puede durar varios años.

Algunas búsquedas o hallazgos de tesoros destacados

- *Nuestra Señora de Atocha* fue un galeón hundido en 1622 frente
  a las costas de Florida (Estados Unidos). Sus restos fueron encontrados
  en 1985, tras 16 años de búsqueda, con un importante cargamento de oro
  y plata equivalente a 400 millones de dólares.
- *Nuestra Señora de la Concepción* fue un galeón español que naufragó
  en 1641, a causa de un huracán, al norte de la República Dominicana.
  Llevaba monedas de oro y plata y cerámica china. En 2008 una empresa
  estadounidense logró el permiso exclusivo del gobierno dominicano
  para efectuar la búsqueda y recuperación del tesoro millonario. El trato
  es que debe entregarle la mitad de lo que extraiga.

¿A quién pertenece?

Uno de los problemas que se plantean al encontrar
un tesoro es establecer a quién o a quiénes
pertenece: a las empresas privadas que hacen
la exploración, al país al que pertenece el barco
o al país en cuyas aguas jurisdiccionales este
se encuentra. El dilema aún no ha sido resuelto.

En la actualidad, aún se practica
la piratería en el mar, especialmente
en el sudeste de Asia y en el este
de África, donde existe un intenso
tráfico de barcos y no hay muchos
controles. Los barcos piratas
suelen contar con tecnologías
de comunicación muy avanzadas
que les permiten localizar su objetivo.

Se calcula que el 25% del oro y la plata extraídos
de las minas continentales se encuentra en el fondo del mar,
además de una gran cantidad de joyas, piedras preciosas,
porcelanas y objetos artísticos. La hipótesis de que existen
riquezas por un valor de miles de millones de dólares
ha provocado que muchas personas, de forma individual
o colectiva, se hayan lanzado a buscarlas. En algunos casos
los buscadores de tesoros son considerados piratas, porque
realizan las exploraciones clandestinamente.

¿Para **qué** sirven las repesas?

Las represas o embalses son construcciones de cemento armado que contienen o regulan el curso de los ríos y almacenan el agua de forma artificial en un embalse. Se construyen básicamente para regadío, controlar inundaciones o producir energía. Las más grandes son las que provocan mayores transformaciones en los ríos y generan un importante impacto ambiental.

Ríos represados

Se calcula que más de la mitad de los ríos del mundo han sido transformados con pequeñas, medianas o grandes represas. Uno de los países con mayor cantidad es China, que cuenta con 22 000 aproximadamente. Las represas hidroeléctricas aportan el 19% de la electricidad mundial y se utilizan en más de 150 países. Canadá, Estados Unidos, Brasil, China y Rusia generan más de la mitad de la hidroelectricidad del mundo.

El embalse es el agua retenida por la presa; puede parecer un lago artificial. Algunos son de grandes dimensiones, comoel que forma la represa Itaipú, entre Brasil y Paraguay, en América del Sur, que tiene más de 1300 km^2 (501 mi^2).

En general, los muros de las represas son de piedra o de hormigón. Se clasifican en: muros de *gravedad,* cuando tienen un peso tal que contrarresta la fuerza y el vuelco del agua; de *bóveda,* cuando tienen forma cóncava o de arco y la presión del agua se transmite a las paredes rocosas por el efecto del arco; de *contrafuerte,* cuando tienen una pared que soporta el agua y una serie de contrafuertes o pilares, en forma triangular, que sujetan la pared y transmiten el peso del agua a la base.

Yaciretá

La represa binacional Yaciretá, sobre el río Paraná, es una de las más grandes de América del Sur y del mundo. Fue construida en la frontera entre Argentina y Paraguay.

Las represas hidroeléctricas más grandes

Represas hidroeléctricas	País	Generación de electricidad (en MW)	Río donde está construida
Tres Gargantas (2006)	China	22 400	Yangtsé
Itaipú (1983)	Brasil/Paraguay	14 000	Paraná
Gurí (1986)	Venezuela	10 000	Caroní
Tucuruí (1984)	Brasil	8370	Tocantins
Grand Coulee (1942)	Estados Unidos	6494	Columbia
Sayano Shushenskaya (1989)	Rusia	6400	Yenisei

Las hidroeléctricas

Junto a la represa se construye una serie de edificaciones donde se produce la electricidad para tratar de aprovechar la caída del agua desde cierta altura. El agua pasa por turbinas a gran velocidad y produce un movimiento de rotación que se transforma en energía eléctrica por medio de generadores. Una vez utilizada, el agua se devuelve al río.

El lugar donde se construye el dique o presa para contener el agua se llama cerrada. Del lado más alto queda formado el embalse. Hacia el otro lado del dique el río continúa corriendo en un nivel más bajo.

Las represas se construyen en un sector del río donde se puede generar un desnivel importante en su curso.

Se llama vaso de la represa a la zona del valle del río que es inundada por el agua del embalse.

Efectos negativos

La Comisión Mundial de Represas (CMR) reconoce que las más grandes producen efectos negativos tanto sociales como ambientales. Algunos de los problemas son los siguientes:
- la inundación del embalse puede producir la pérdida de bosques y de especies;
- el agua embalsada no tiene las mismas propiedades (salinidad, temperatura, etc.) que la que fluye por el río;
- en las zonas donde el embalse sepultó una gran masa vegetal se pueden generar emisiones de gases de efecto invernadero;
- la construcción de grandes represas puede generar la inundación de zonas pobladas y eso obliga a la evacuación forzosa de los habitantes.

Las represas más grandes tienen diques de más de 150 m (492 ft) de altura.

¿**Qué** son los icebergs?

Los icebergs son bloques de hielo de agua dulce, de diferentes tamaños, que se desprenden de un glaciar y flotan a la deriva. La mayor parte de su masa permanece sumergida. Los icebergs se forman en general en las zonas polares, en las costas del océano Ártico y en la Antártida.

Formación de icebergs

1. Las lenguas de hielo continental de los glaciares llegan hasta un lago, al mar o forman barreras de hielo. Los icebergs se forman principalmente por el rompimiento de las lenguas glaciares, en el Ártico, y de las barreras de hielo en la Antártida.

2. En contacto con el agua se producen fracturas en la masa helada y esta se separa en bloques. Los bloques caen al mar. Si son muy grandes, provocan un gran estruendo.

3. Los bloques flotan formando islas de hielo de distintos tamaños. Algunos se funden rápidamente, mientras que los más grandes comienzan a navegar a la deriva.

Los bloques de hielo que están a la deriva pueden suponer problemas para la navegación, según su cantidad y tamaño. Desplazados por el viento o las corrientes marinas los icebergs pueden interponerse en rutas marítimas muy frecuentadas.

Los pingüinos han desarrollado una alta adaptación a la vida en el mar. Solo están en tierra firme en las épocas en que se aparean y procrean, cuando cambian el plumaje o están enfermos. Utilizan los bloques de hielo como «trampolines» para sumergirse en busca de alimentos.

El desprendimiento de los icebergs es común en los meses de verano, por el deshielo, y en invierno, cuando los glaciares aumentan de tamaño y se desprenden bloques que se transforman en témpanos.

Los icebergs pueden tener distintos tamaños. Un iceberg antártico puede alcanzar una anchura de varias decenas de kilómetros y un grosor superior a los 600 m (1,968 ft), con una pared de hielo que se eleve del océano a alturas de 60 a 90 m (196 a 295 ft).

Choques con icebergs

El más famoso es el del trasatlántico británico *Titanic,* ocurrido en 1912 en el Atlántico, cerca de las costas de América del Norte. Tras este desastre comenzaron a organizarse patrullajes para avistar icebergs y alertar a las embarcaciones. En la actualidad se rastrean mediante satélites artificiales.

Los osos polares del Ártico

Se alimentan principalmente de focas y lo hacen en especial en invierno, cuando el Ártico está cubierto de hielo y pueden trasladarse por grandes extensiones de capas heladas tras sus presas. En primavera y verano, en la época de deshielo, los osos polares tienen mayores dificultades para recorrer el Ártico, ya que, hasta que se funden del todo, deben saltar entre los bloques de hielo que flotan en el océano polar.

Debido a que la densidad del iceberg es algo menor que la del agua del mar, flota muy bajo. Los icebergs glaciares del Ártico mantienen un 90% de su volumen por debajo del nivel del mar, mientras que los antárticos, por ser menos densos, tienen entre un 70 y un 80% de su volumen sumergido.

La expansión de los hielos invernales hace que las aves emigren más allá de las zonas polares.

En el inicio de la primavera los icebergs se transforman en «maternidades flotantes», porque allí tienen sus crías los animales marinos como las focas.

Los icebergs pueden tener forma tabular o irregular. Los tabulares surgen de las barreras de hielo, mientras que los irregulares tienen su origen en las lenguas de glaciares flotantes. Las formas irregulares y redondeadas son el resultado del proceso de fusión.

Hielos de agua dulce y salada

Las regiones polares reciben abundantes precipitaciones níveas. Con el tiempo, la nieve acumulada se compacta, pierde el aire y se convierte en hielo. Este es el hielo de agua dulce que forma glaciares en las superficies continentales o llega al mar creando barreras de hielo.

El hielo marino o de *pack* se origina con el agua salada del mar. La capa superficial se congela en contacto con el aire frío. Cuando se forma el hielo, casi toda la sal es expulsada y el bloque flota porque es menos denso que el agua de mar. La congelación se produce cada invierno; luego, en primavera y verano, ocurre el deshielo.

¿**Qué** contamina
las fuentes de agua dulce?

Muchos ríos, lagos, lagunas, aguas subterráneas y otras fuentes de agua dulce en todo el mundo están sometidas a la contaminación. La mayoría de los procesos contaminantes se producen por el vertido de sustancias generadas por la actividad humana, como los desechos de las industrias o los residuos domésticos. Es lo que se conoce como «causas antrópicas».

En el medio natural, el agua no es químicamente pura y tiene propiedades que afectan de distinta manera a los organismos vivos. Estas características del agua se denominan propiedades organolépticas; entre ellas se distinguen la temperatura, el sabor, el olor, el color y la turbidez.

Las fuentes de agua dulce forman parte de cuencas hídricas; esto significa que están conectadas entre sí. Cuando una de ellas se contamina, puede contaminar a las demás.

Los residuos domésticos urbanos contienen sólidos en suspensión, bacterias y virus. Pueden llegar hasta las fuentes de agua por vertido accidental o intencional.

Aptitud del agua

Para saber si el agua es apta para el consumo humano o para investigar la presencia de contaminación se realizan distintos tipos de estudios. Uno de ellos consiste en medir el grado de acidez del agua (pH) y la concentración de oxígeno disuelto, sólidos en suspensión, fósforo, nitratos, nitritos, amonio, amoniaco, compuestos fenólicos, hidrocarburos y derivados del petróleo, cloro residual, cinc y cobre, entre otros.

¿Cuándo hay contaminación?

El agua dulce contiene diversas sustancias minerales (calcio, magnesio, cloruros, etc.), orgánicas (restos de animales y plantas) y también microorganismos (bacterias, hongos, algas, etc.). Estos elementos, en concentraciones pequeñas, no ocasionan problemas. Incluso algunos de ellos, como las sales minerales, el hierro, el cinc, el cobre, el cobalto, el calcio y el magnesio, son necesarios en la dieta humana. La contaminación se produce cuando las sustancias se encuentran en un grado de concentración superior al normal.

Entre los contaminantes de las fuentes de agua dulce destacan los derivados de los hidrocarburos, los detergentes, los pesticidas y los efluentes cloacales que, además de afectar a la salud, alteran el olor, el color y el sabor del agua.

El vertido de agua en épocas de altas temperaturas también puede provocar contaminación. Por ejemplo, con el aumento de la temperatura, la disminución del oxígeno disuelto en el agua puede afectar el desarrollo de los peces que, al morir de forma masiva, se convierten en contaminantes orgánicos.

En las áreas rurales, los desechos de los animales, fertilizantes, pesticidas y otros elementos químicos se van depositando en el suelo. El agua de lluvia arrastra las sustancias contaminantes y las transporta hacia las fuentes de agua.

¿**Cómo** se forman las olas?

L a mayoría de las olas se producen por la fricción del viento contra la superficie del agua. Primero se forma una pequeña ondulación y, a medida que el viento transmite mayor energía, esta se convierte en una ola. Un caso excepcional es el de los *tsunamis,* gigantescas olas producidas por la expansión de grandes fuerzas en el fondo oceánico.

La parte alta de la ola se llama *cresta.*

Cuanto más altas son las olas, mayor es la cantidad de energía que pueden extraer del viento, de manera que se retroalimentan.

Las olas transfieren energía sobre la superficie del mar. Al llegar a una costa, esa energía se libera en forma de *rompientes.*

Si al llegar a la costa las olas encuentran un obstáculo marcado en la franja costera, como un banco de arena, una formación rocosa o un arrecife, se encrespan.

La parte baja de la ola se llama *seno.*

Playas de surf
El surf se practica en muchas playas del mundo, entre las que destacan las siguientes.
Perú: tienen olas de todo tipo y tamaño. Se puede «surfear» durante todo el año.
Islas Hawai: la playa de Waikiki, en Honolulu, es la más famosa. Se pueden encontrar olas de hasta 9 m (29 ft). La costa norte de Oahu es considerada la capital mundial del surf.
Australia: aquí se organiza el «Surf Tours Australia», un campamento itinerante por las playas de surf, entre Sidney y Brisbane.
México: destaca la playa de Puerto Escondido, en Oaxaca. En la isla de Todos los Santos, en Baja California, se han registrado las olas más grandes de América.

Tsunamis

Son olas gigantes que se propagan a gran distancia y con gran velocidad por la superficie del océano. Suelen producirse tras un seismo con epicentro en el fondo del mar (maremoto).
Las olas de *tsunami* tienen longitudes de onda de hasta 100 km (62 mi) y se desplazan a velocidades de 700 a 1000 km/h (434 a 621 m/h). En alta mar las olas son pequeñas, pero cuando llegan a la costa tocan el lecho marino y, debido a la menor profundidad, se frenan y disminuye la longitud de onda, al mismo tiempo que la altura aumenta hasta 30 m (98 ft). El *tsunami* está formado por varias olas separadas entre sí por unos 15 o 20 minutos. La primera no suele ser la más alta, pero después se produce un impresionante descenso del nivel del mar que retrocede varios kilómetros con una gran fuerza de arrastre. Luego llega la primera ola gigantesca y, a continuación, varias más que producen grandes destrozos en la costa.

El tamaño de una ola depende de la velocidad del viento, del tiempo que sople y de la estabilidad de su dirección.

Partes de una ola

La altura de la ola es la distancia vertical entre el valle o seno y la cresta, y se mide generalmente en metros (o pies).
La longitud de onda es la distancia horizontal entre dos crestas o senos consecutivos. La velocidad con que avanza la ola a través del agua se mide en metros por segundo (m/s) o en nudos (millas marinas por hora). El tiempo transcurrido entre dos pasos consecutivos de la cresta de la ola por un punto fijo se mide en segundos e indica la frecuencia de las olas.

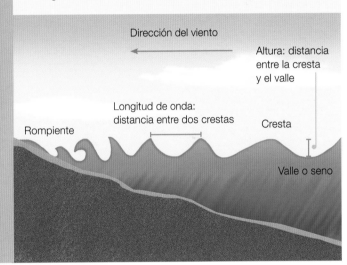

Dirección del viento

Altura: distancia entre la cresta y el valle

Longitud de onda: distancia entre dos crestas

Cresta

Rompiente

Valle o seno

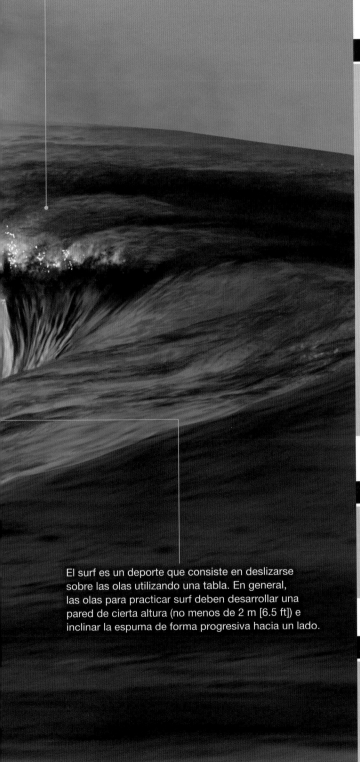

El surf es un deporte que consiste en deslizarse sobre las olas utilizando una tabla. En general, las olas para practicar surf deben desarrollar una pared de cierta altura (no menos de 2 m [6.5 ft]) e inclinar la espuma de forma progresiva hacia un lado.

La contraola

Es un efecto de resaca del agua que, al ser llevada por las olas hasta la orilla, rebota o se desliza de nuevo hacia el mar, lo que crea una ola en dirección contraria al golpe de mar, es decir, una ola cuyo origen es la costa. En general las contraolas se desvanecen o se estrellan con las otras tras algunos metros de recorrido.

La rompiente

Cuando las olas llegan a la costa se encuentran con un fondo cada vez menos profundo que las frena. Debido a esto disminuye la longitud de onda y aumenta la altura de la ola. El suministro de agua se interrumpe y la cresta no puede completar su ciclo. Por eso, la ola rompe y se forma una línea de espuma que se desplaza hacia la playa.

¿**Cuánto** tiempo perduran los lagos y las lagunas?

El tiempo de vida de los lagos o las lagunas depende de su tamaño: cuanto más grandes y profundos sean más tardarán en desaparecer. También influyen la cantidad y el tipo de sedimentos que reciben. Pero, tarde o temprano, la naturaleza se encargará de rellenarlos. Aunque este proceso puede durar años o varios siglos, en algún momento los lagos y las lagunas se transformarán en suelo seco, es decir, desaparecerán. Si lo medimos en tiempos geológicos – miles de millones de años–, los lagos y las lagunas tienen una vida muy corta.

Cambios en el paisaje

Las imágenes (abajo) muestran la transformación de un lago o una laguna que pasa a ser un pantano y su posterior desaparición al cubrirse de sedimentos. Los cambios en el paisaje suponen la pérdida de una fuente de agua, la formación de suelos, la desaparición de algunas especies animales y vegetales y la aparición de otras.

Este proceso natural puede ser acelerado por la acción humana, como ocurrió en el valle de México, en tiempos del Imperio azteca. Existían entonces varios lagos: Texcoco, Xochimilco, Chalco, Xaltocan y Zumpango, alimentados por las corrientes de agua que bajaban hasta el valle. La población controlaba estas aguas y las utilizaba para riego y abastecimiento. En los cuatro siglos siguientes se realizaron obras, como la expansión de la ciudad de México, que fueron ocupando las superficies lacustres. Actualmente se intenta recuperar esos lagos porque son una fuente de agua importante para abastecer a la ciudad.

Un lago o laguna con características normales.

Formación de una zona de pantanos o humedales.

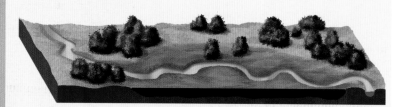

Desaparece el lago.

Un lago o una laguna nace cuando el agua rellena una depresión en un sector de la superficie terrestre.

Con el transcurso del tiempo, tanto los sedimentos y nutrientes que aportan los ríos y la acción del viento como el incremento de la vida vegetal y animal, que se expande en las orillas, el agua y el fondo, transforman los lagos y las lagunas. Las plantas retienen los sedimentos y colaboran así con la reducción de su profundidad.

El relleno del lago o laguna, así como el crecimiento de plantas y la aparición de más animales terrestres, hacen que este desaparezca y se transforme en un pantano o en un humedal.

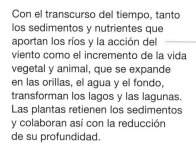

Las primeras formas de vida que se desarrollan son el fitoplancton y el zooplancton.
En general, las aguas de un lago o una laguna joven suelen ser transparentes o reflejan el azul. Esta apariencia indica que no contienen demasiadas formas de vida.

El entorno colabora con el desarrollo de la vida: el viento, así como las plumas y las patas de las aves, transportan semillas y pequeños huevos y los depositan en las charcas, que se transforman en el hábitat de nuevos seres vivos.

Entre los primeros habitantes del lago o la laguna se encuentran los peces, como la mojarra, que necesitan un fondo limpio para desovar.

Parte de los restos de vegetales y animales son aprovechados por los descomponedores. Otros restos se acumulan en el fondo y se transforman en sedimentos; de esta manera el lago o laguna pierde profundidad gradualmente.

El fondo, cada vez más espeso, proporciona alimento y abrigo a un número creciente de animales, entre ellos, gusanos, caracoles y tortugas.

El lago o laguna ha desaparecido. En el fondo del pantano los sedimentos se convierten en turba, un material vegetal que en el proceso de descomposición reemplaza el oxígeno por carbono.

¿**Cómo** es la pesca en el mar?

L a pesca marítima es una actividad muy antigua practicada en todo el mundo para la que se utiliza una gran variedad de instrumentos y procedimientos, así como distintos tipos de embarcaciones. Se realiza en zonas llamadas caladeros o bancos de pesca donde, debido a la abundancia de nutrientes y plancton, hay grandes concentraciones de peces. Los mayores volúmenes de capturas de especies marinas (peces, crustáceos, moluscos) se realizan con fines comerciales. También se practica la pesca deportiva.

La *pesca de curricán* es una modalidad que se realiza desde una embarcación. Consiste en arrastrar uno o varios aparejos de pesca. Los hilos de los aparejos salen de la embarcación por unas largas varas, los tangones, que sobresalen del costado del buque. Con este sistema se pescan especies grandes, como el atún, o depredadoras, como los tiburones.

La pesca de curricán tiene algunas ventajas: se pesca solo la especie buscada y no se capturan peces de menor tamaño, lo que puede alterar la reproducción. Como es una pesca de superficie, no altera el fondo marino.

Para ubicar caladeros, los barcos pesqueros utilizan técnicas modernas de localización, como el sonar, el radar, la teledetección o el uso de helicópteros.

Tipos de pesca

Hay tres tipos básicos. La pesca de gran altura (1) es realizada por barcos de gran tonelaje provistos de modernas técnicas para la localización y captura de bancos de peces y para iniciar el procesamiento industrial. Estos barcos pueden permanecer varios meses en alta mar. Realizan las expediciones formando flotas organizadas con un barco-nodriza o factoría, en el que se descarga lo capturado por las demás embarcaciones. Allí se inicia el proceso de transformación, limpiado y congelado del pescado. La pesca de altura (2) se lleva a cabo en barcos de mediano tamaño que suelen salir en grupos hacia zonas más alejadas de la costa. El período de pesca dura unos 10 o 15 días. Los barcos cuentan con cámaras de refrigeración para iniciar el proceso de conservación del pescado. La pesca costera o de bajura (3) se realiza en las proximidades de la costa, en pequeñas embarcaciones que utilizan técnicas tradicionales, como la caña, el arpón o la red. En el mismo día salen a pescar y regresan al puerto para vender el pescado fresco.

Los barcos cuentan con tecnología muy avanzada que permite ubicar con precisión los cardúmenes, poseen redes mecanizadas y, en algunos casos, cuentan con las instalaciones para procesar y conservar el pescado.

Hay dos procedimientos de pesca principales: *la pesca pasiva,* en la que se espera a que el animal se enmalle en las redes o se enganche en los anzuelos, y la *pesca activa,* donde se va en busca del animal (cuando se utiliza red de arrastre o el sistema de curricán).

A los países con costas marítimas se les reconoce una zona económica exclusiva que se extiende desde la costa hasta las 200 millas. Cada país tiene derecho a explotar los recursos pesqueros de su zona y aquellos que quieran navegar y pescar allí deben solicitar acuerdos.

Pesca con aparejos

Un ejemplo de este tipo de pesca es el palangre, que consiste en un cable sostenido por boyas en la superficie del mar. Del mismo cuelgan anzuelos que permanecen bajo el agua. El palangre es arrastrado por el barco hasta que los peces pican los anzuelos.

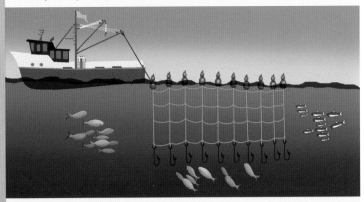

Pesca con cerco

Utiliza una red que se tira entre dos barcos rodeando un banco de peces y cerrándolo por el fondo. De este modo quedan atrapados todos los peces que se encuentren entre las dos naves. Esta técnica se utiliza para capturar anchoas, sardinas, atunes, bonitos, caballas y jureles que forman cardúmenes o bancos de peces.

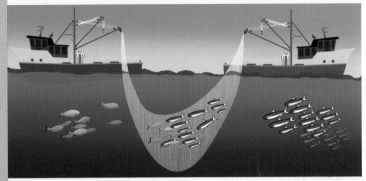

Pesca de arrastre

Consiste en el barrido del fondo del mar mediante redes que atrapan todo lo que encuentran a su paso. Es considerada una técnica destructiva porque captura muchos animales que no son buscados y luego se desperdician. Se emplea para la captura de especies que viven en el fondo marino o próximo a él, como la merluza, el abadejo, el lenguado, etc.

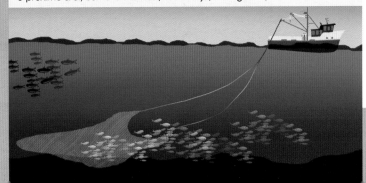

¿**Cuáles** son los ríos más largos del mundo?

El Mississippi-Missouri, en América del Norte, tiene una longitud de 5970 km (3,709 mi) y una cuenca de 3 290 000 km² (1,270,276 mi²).

Destacan tres ríos en tres continentes diferentes: el Nilo, en África; el Amazonas, en América, y el Yangtsé, en Asia. El Nilo ha sido considerado durante mucho tiempo el más largo, pero nuevas exploraciones en los Andes de Perú y las últimas tecnologías han permitido establecer que el Amazonas es el que tiene el curso más extenso, ya que se estima que la naciente más alejada de su desembocadura se encuentra en el nevado Mismi, en la región peruana de Arequipa.

El río Amazonas es el más extenso de América del Sur y uno de los más importantes del mundo. Tiene una longitud de 6762 km (4,200 mi) y una cuenca de 6 144 700 km² (2,372,481mi²).

La cuenca tiene sus nacientes en las cumbres de los Andes. Allí se alimenta de las precipitaciones y del deshielo de nieves y glaciares. Más adelante, los cursos de agua corren formando brazos hacia la llanura, donde se unirán en una sola corriente que desemboca en el océano Atlántico.

En el río principal pueden navegar barcos de gran calado y la mayoría de los afluentes permiten la navegación de barcos pequeños y medianos hasta el puerto de Iquitos, en Perú. A pesar de su magnitud registra un movimiento comercial escaso, debido a la ausencia de núcleos industriales relevantes en sus riberas y de poblaciones importantes.

El río Yangtsé es el más largo y caudaloso de Asia. Tiene una longitud de 6300 km (3,914 mi) y una cuenca de 1 808 500 km² (698,265 mi²). Nace en un glaciar del sudoeste del país, a unos 4900 m (16,076 ft) de altura. Desemboca en un estuario en el mar de China.

Forma una cuenca hídrica muy amplia, con numerosos afluentes, que se extiende por regiones agrícolas densamente pobladas. Sus aguas se usan para inundar los campos de arroz.

Es navegable en varios tramos de su curso y es una ruta turística muy importante por la belleza de sus paisajes.

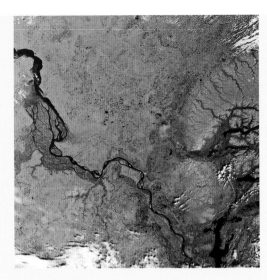

El Yeniséi, en Asia, tiene una longitud de 5870 km (3,647 mi) y una cuenca de 2 554 480 km^2 (968,290 mi^2).

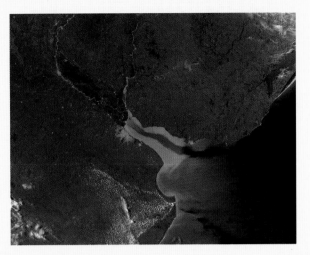

El Paraná-Río de la Plata, en América del Sur, tiene una longitud de 4880 km (3,032 mi) y una cuenca de 2 582 670 km^2 (997,174 mi^2).

El río Nilo tiene una longitud de 6670 km (4,144 mi) y una cuenca de 2 849 000 km^2 (1,100,000 mi^2). Se origina en el centro este de África. Junto con sus afluentes ocupa una gran superficie que se extiende por diez países: Tanzania, República Democrática del Congo, Burundi, Uganda, Eritrea, Etiopía, Kenia, Ruanda, Sudán y Egipto. En los dos últimos se encuentra el río principal, que desemboca en el mar Mediterráneo formando un delta.

Es una de las rutas navegables más transitadas, especialmente desde la represa de Asuán hasta su desembocadura. Por él navegan distintos tipos de embarcaciones. La falúa es el velero típico: los más pequeños son usados por pescadores y los más grandes para el transporte de personas. También se desplazan por el Nilo numerosos cruceros de turismo.

En la mayor parte de su recorrido atraviesa zonas desérticas, y por ese motivo la población se concentra a lo largo de sus orillas. En ellas se pueden divisar palmerales, cultivos de cereales, frutales y hortalizas de regadío.

¿Qué diferencia hay entre una playa y un acantilado?

S on tipos de costa muy diferentes. Las playas son bajas, casi siempre de arena, y se forman por la acumulación de materiales que las olas arrastran hasta la orilla; en cambio, los acantilados son altos, rocosos y escarpados y se producen normalmente por movimientos tectónicos.

Las playas son zonas costeras planas y de baja altura. Se forman por el transporte y la sedimentación de materiales que arrastran las olas en su constante avance y retroceso entre la zona de pleamar y bajamar.

Si la arena es transportada más rápidamente de lo que puede ser retirada, se deposita y amplía la playa. Si, por el contrario, la arena es retirada más rápidamente de lo que sedimenta, la playa se estrecha y la línea de costa retrocede.

Los sedimentos que forman las playas pueden ser de distintos tamaños, desde finas partículas de arena hasta cantos rodados y piedras. Las arenas finas dan origen a playas con pendiente suave; en cambio, los materiales gruesos crean superficies de playa con una gran pendiente.

Las arenas de una playa están en constante movimiento al ser arrastradas por las olas y las corrientes. En la mayoría de ellas se alternan períodos de erosión y sedimentación (acreción). Hay playas cuya erosión y acreción son estacionales; por ejemplo, cuando las tormentas de invierno se llevan la arena y en verano se reconstruyen. Otras playas cambian en períodos más largos, tras varios años de erosión seguidos de varios años de acreción.

Perfiles de playa

En este perfil de playa está representado un proceso de acreción de arena.

En el primer esquema se observa que se acumula la arena bajo el nivel del mar. Si ese depósito aumenta, como se ve en el segundo esquema, la arena emerge y se transforma en playa.

El perfil de una playa puede tener diferente pendiente o inclinación, según la fuerza de transporte y el depósito que efectúen las olas y las mareas. Si las olas son de mayor tamaño, golpean con más fuerza y arrastran mayor cantidad de arena hacia el fondo del mar. El perfil en este caso tiene mayor pendiente. Cuando las olas tienen menor tamaño y fuerza, la arena se sedimenta más fácilmente, la playa crece y su perfil es más suave.

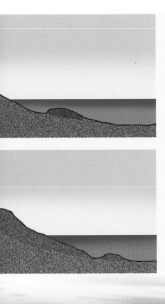

Costas acantiladas recortadas

En las costas de acantilados la acción erosiva del mar genera distintas formas o accidentes costeros.

Los más altos se forman en zonas donde la acción del agua no es tan agresiva como para deteriorarlos con facilidad y donde las rocas presentan una alta resistencia al desgaste y la erosión, como la dolomía, el basalto o el granito.

Los acantilados son un tipo de costa alta formada por paredes rocosas que se elevan varios metros sobre el nivel del mar. Algunos tienen paredes con cierta inclinación y otros presentan una gran verticalidad.

Una costa alta suele formarse por movimientos tectónicos de ascenso de la corteza terrestre. Es común que las costas de acantilados se encuentren en zonas montañosas o de mesetas que llegan hasta el mar.

1. Islas: suelen ser parte de un arco que se desmoronó.
2. Arcos o ventanas: se forman por efecto de la erosión en la parte central de un promontorio.
3. Cabos o salientes: indican que allí se encuentran rocas muy duras.
4. Acantilados propiamente dichos o farallones: pueden ser activos o inactivos.
5. Playas o plataformas de abrasión: en las paredes del acantilado pueden encontrarse cuevas debidas a la abrasión marina.

El oleaje produce un tipo de erosión sobre las rocas de la costa llamada abrasión marina. El choque de las olas contra las rocas las rompe en los lugares más débiles y las desgasta por el golpeteo continuo. Esta acción mecánica por lo general es lenta y su velocidad depende de la dureza de las rocas.

¿**Qué** es un lago de sal?

Es una masa de agua con un alto contenido de sales: cloruro de sodio, boratos y nitratos. Su origen puede ser continental, cuando se forma en zonas áridas donde se acumulan sales por procesos volcánicos, o marino, cuando ha formado parte del mar y ha quedado aislado transformándose en un cuerpo de agua salada. Suele tener un caudal irregular y aumenta su salinidad cuando pierde agua por evaporación.

El paisaje se caracteriza por la extensión de sales dispuestas en mantos horizontales y planos que asemejan un mar de extrema blancura. Debido a los procesos de reflexión y refracción de la luz, se producen efectos ópticos, como espejismos, que hacen que los objetos en el horizonte se vean duplicados.

El cielo cargado de nubes indica que la salina, con el aporte de las precipitaciones, se cubrirá de una delgada capa de agua que lo trasformará en un lago o laguna temporalmente. El agua caída durante los meses de lluvia forma un manto de poca profundidad que se extiende a lo largo de las salinas.

Los salitrales o salinas son depósitos en los que predomina el cloruro de sodio o sal común. Uno de los orígenes más comunes es la evaporación paulatina de un lago o laguna salados.

Muchas de las sales que forman las salinas tienen valor económico y por eso se consideran un recurso natural. Es el caso del cloruro de sodio, el litio, el boro, el magnesio y el nitrato.

¿De dónde vienen las sales?

Los procesos volcánicos aportan sales que luego forman lagos salados o salinas. Un ejemplo son las aguas termales que se originan en el subsuelo y afloran a la superficie. También las erupciones volcánicas aportan sales a través del agua o la lava que salen al exterior. En este caso, las sales quedan depositadas en el suelo y luego son transportadas por las corrientes de agua que se forman por precipitación hacia zonas bajas donde forman lagos de agua salada. Este es el origen de muchos lagos de zonas montañosas, como los de los altiplanos de los Andes.

En los últimos años, salinas de distintas partes del mundo se han incorporado a los circuitos turísticos, especialmente valorados por los que realizan turismo aventura.

El Gran Salar de Uyuni, considerado como el mayor del mundo, se encuentra a 3660 m (12,000 ft) de altura al sudoeste de Bolivia. Tiene unos 12 000 km^2 (4,633 mi^2) de superficie y una longitud máxima de 140 km (86 mi). Se cree que se originó hace unos 10 000 años por la evaporación del lago Uyuni, que tenía unos 20 000 km^2 (7,722 mi^2) de superficie.

El Gran Salar de Uyuni es uno de los principales destinos del turismo en Bolivia. Además de los atractivos naturales del lugar, cuenta con un hotel construido casi en su totalidad con sal (salvo el techo, que es de paja).

Antes de transportar la sal a las plantas de procesamiento se forman montículos para que se seque al sol.

La extracción o cosecha de sal es una actividad muy antigua, tanto de los pueblos originarios de América como de los nómadas del Sáhara y de otros desiertos de África y Asia que la han utilizado para el consumo y el intercambio.

Cambios estacionales en un desierto

1. En las zonas áridas las lluvias escasas, pero intensas, alimentan o dan origen a cursos de agua temporales. Estos se dirigen hacia las zonas bajas donde el agua se acumula formando por un tiempo un lago o laguna.

2. La evaporación intensa genera la pérdida de más agua que la que entra por precipitaciones. Al mismo tiempo, se van concentrando las sales disueltas, lo que transforma el agua dulce acumulada en agua salada.

3. Si la evaporación continúa y los aportes de agua disminuyen, la concentración de sales aumenta y comienza a acumularse como depósito. El lago se transforma en un salitral o salina. Cuando vuelve a llover, el agua corre hasta el salitral y disminuye la concentración de sal. Así se forma nuevamente un lago temporal, que luego se convertirá en depósito de sal hasta que la lluvia vuelva.

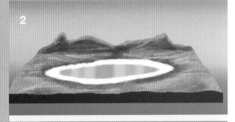

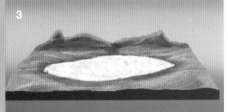

Grandes lagos salados

Algunos de los lagos más grandes del mundo son salados. El Mar Muerto, en la imagen, ubicado entre Israel, Cisjordania y Jordania, tiene una superficie de 600 km^2 (231 mi^2) y se encuentra a 400 m (1,312 ft) por debajo del nivel del mar. Su salinidad es diez veces superior a la del mar. También destacan el mar Caspio y el mar de Aral, que se originaron como extensiones del mar pero quedaron aislados en los continentes.

¿**Cómo** son los llamados monstruos marinos?

Desde la Antigüedad el ser humano ha creado fantasías acerca de los animales que por su enorme tamaño o por su aspecto feo, raro o tenebroso eran considerados monstruos. Así como en el pasado los «monstruos» del mar eran temidos y acobardaban a los navegantes, en la actualidad los animales marinos de grandes dimensiones son capturados para ser exhibidos en los acuarios y son considerados desde una mirada científica y más ecologista como hermosas criaturas que hay que conocer y proteger.

En las aguas cálidas de los mares que se extienden entre los trópicos vive este animal que parece una ballena, pero es un tiburón. Su cuerpo es chato y alargado y se han encontrado ejemplares de más de 15 m (49 ft) y 15 toneladas de peso. Estas dimensiones le convierten en el pez más grande que existe.

El tiburón ballena no es un animal feroz que persigue a sus presas. Tiene una dieta «sencilla»: se alimenta de fitoplancton, zooplancton, peces pequeños y calamares.

Con el fin de garantizar su reproducción y la supervivencia de su especie, muchos animales marinos son protegidos por leyes nacionales y acuerdos internacionales para reducir su captura.

En los acuarios

Muchos de los animales que se consideran gigantes o sorprendentes se exhiben en acuarios. Los de Kaiyukan y Churaumi, en Japón, son famosos por sus grandes piscinas donde se exhiben ejemplares de tiburones ballena. No es fácil mantener animales en cautiverio, pues requieren de un proceso de adaptación que puede durar muchos años y no todos los ejemplares logran soportarlo. En Japón los primeros tiburones ballena que se confinaron en acuarios solo sobrevivieron unos pocos días.

Gracias a las propuestas de ecoturismo en el oeste de Australia y el mar Caribe, los amantes del buceo tienen la oportunidad de pasear por el fondo del mar en compañía de estos peces tan especiales, que son valorados en la actualidad como criaturas dignas de contemplar en su hábitat natural.

Aunque los tiburones ballena están protegidos por las leyes de algunos países, se matan unos 100 ejemplares cada año en los mares del este de Asia.

Los más grandes están en el mar

La ballena azul es considerado el animal de mayor tamaño que se ha conocido. A principios del siglo xx se podían encontrar ejemplares de más de 35 m (114 ft) de longitud.

Ballena azul

Dinosaurio

Hombre

Elefante

Los más temidos

Entre los animales marinos más temidos se encuentran las medusas y los calamares gigantes. Las medusas son conocidas como ortigas de los mares, por su molesta picadura. Las medusas nomura –como la de la imagen– viven en las aguas del mar entre China y Japón y pueden crecer hasta alcanzar los 2 m (6.5 ft) de diámetro y pesar 200 kg (440 lb). El veneno de sus tentáculos puede causar problemas de salud.Sobre los calamares gigantes aún se sabe muy poco. Se cree que viven en las profundidades del mar, hasta los 2000 m (6,561 ft). Los más grandes se conocen científicamente con el nombre de *Architeuthis*. Los mayores ejemplares encontrados hasta ahora miden unos 18 m (59 ft) y pesan unos 1000 kg (2,204 lb).

Medusa nomura

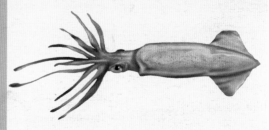

Calamar gigante

El Abecé Visual de

LA TIERRA

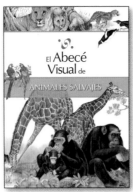

El Abecé Visual de

ANIMALES SALVAJES

El Abecé Visual de

LOS INVENTOS QUE CAMBIARON EL MUNDO 1

El Abecé Visual de

LOS MEDIOS DE TRANSPORTE

El Abecé Visual de

EL UNIVERSO

El Abecé Visual de

EL UNIVERSO

El Abecé Visual de

LOS INVENTOS QUE CAMBIARON EL MUNDO 1

El Abecé Visual de

LA HISTORIA

El Abecé Visual de

PLANTAS Y FLORES

El Abecé Visual de

LOS INSECTOS

El Abecé Visual de

PAÍSES, RELIGIONES Y CULTURAS DEL MUNDO

El Abecé Visual de

MITOS Y LEYENDAS UNIVERSALES

El Abecé Visual de

BOSQUES, SELVAS, MONTAÑAS Y DESIERTOS